DE LA VALEUR RELIGIEUSE

DU

SURNATUREL.

PUBLIÉ PAR LA SOCIÉTÉ DES LIVRES RELIGIEUX
DE TOULOUSE.

Toulouse, Imprimerie de A. CHAUVIN, rue Mirepoix, 3.

DE LA VALEUR RELIGIEUSE

DU

SURNATUREL

PAR

CH. BOIS,

PROFESSEUR A LA FACULTÉ DE THÉOLOGIE PROTESTANTE DE MONTAUBAN.

TOULOUSE,

SOCIÉTÉ DES LIVRES RELIGIEUX.

Dépôt : rue des Balances, 35, hôtel Sans.

—

1866

Le beau travail que nous publions aujourd'hui a été présenté par M. le professeur Bois à la conférence évangélique nationale du Midi, réunie à Toulouse les 8 et 9 novembre 1865, et composée de cent trente-quatre membres, pasteurs, anciens, diacres, étudiants ou délégués de diverses Sociétés religieuses (1).

La conférence, qui, dans les séances d'Alais, en octobre 1864, avait demandé à M. le professeur Bois de traiter le sujet

(1) Les uns, pasteurs ou anciens, assistaient aux séances avec voix délibérative ; les autres n'avaient que voix consultative. Etaient présents :
MM. De Félice, doyen, Montauban ; Bois, professeur, id.; Monod, id.; Pédézert, id.; Sardinoux, id.; Abélous, pasteur, Puylaurens ; Abauzit, id., Calvisson ; Abt, id., Montpellier ; Astié, id., Caussade ; Bonnefon, id., Alais ; Blanc, id., Vabre (Tarn) ; Bouchet, id., Lagarde ; Bourdin, id., Montauban ; Breyton, id., Alais ; De Boëk, id., Périgueux ; Bouvier, id., Saint-Antonin ; Baulme, id., Mauzac ; Bazille, id , Lunel (Hérault) ; Bersier, id., Paris ; Béziat, id., Balanson ; Castel, id., Toulouse ; Couderc, id., Mas-d'Azil ; Cambon, id., Orthez ; Caron, id., Mouilleron ; Ducros, id., Beauvoisin (Gard) ; Dadre, id., Arles ; Darien, id., Mazères ; Durand, id., Castres ; Dupin de Saint-André, id., Toulouse ; Durand, id., Montauban ; Frossard, id., Bagnères ; Frossard, id., agent de la Société centrale ; Fargues, id., Tonneins ; Falles, id., Fontenay-le-Comte (Vendée) ; De Frontin, id., Port-Sainte-Foy (Dordogne) ; Fournier père, id., Négrepelisse ; de Grenier-Fajal, id., Gabre (Ariége) ; Gilard, id.. Eynesse (Gironde) ; Grandpierre, id., Paris ; Hugues, id., Montauban ; Lacroix, id., Saverdun ; Laforgue, id., Toulouse ; Laville, id., Vabre ; Lacroix, id., Bordes (Ariége) ; Labeille, id., Paris ; Momméja, id., Rieubach (Ariége) ; Mercat, id., à La Roquille (Gironde) ; Molines Jules, id., Nérac ; Molines père, id., Montauban ; Monbrun fils, id., Tonneins ; Monod Horace, id., Marseille ; Mialhe, id., Carla-le-Comte ; Marquié, id., Congénies ; Martin, id.; Meinau, id., Barry-d'Islemade ; Nogaret, id., Bayonne ; De Prat, id., Négrepelisse ; Robin, id., Montflanquin ; Bogues, id., Lacaze ; Salavoine, id., délégué, Nérac ; Sengenès, id., Calmont ; Tachard, id., Saint-Martial ; Vieu, id., Camarade ; d'Ounous, ancien, Saverdun ; Aché David, id., Barry-d'Islemade ; Borel, id., Toulouse ; Brizard, id.. diacre, id.; Bourgail, ancien, Carla ; Bazille, id., Montpellier ; Bogues, id., Calmont ; Castebon, id., Puylaurens ; Couve, id., Bordeaux ; Caillau, id., Nérac ; Caldérou, id., Mazères ; Castelnau, id., Montpellier ; Chevalier-Moulis, id., Calmont ; Dupré de Pomarède, id., Nérac ; Delteil, id., Saint-Antonin ; de Falguerolles, id., Puylaurens ; Faure, id., Bordeaux ; Faucher, id., Marseille ; Fosse, id., Roquecourbe, c^{te} de Castres ; Hérisson Gustave, id., Revel ; Hérisson Emile, id., Saint-Chapte ; de Juge, id., Tou-

si important et si actuel des rapports du surnaturel avec la vie religieuse, a écouté ce travail avec un intérêt et une satisfaction soutenus. Elle a, durant le cours de cette lecture, manifesté, à plusieurs reprises, un véritable enthousiasme, et c'est par acclamation qu'elle en a voté et demandé l'impression à notre Société.

Heureux de pouvoir doter nos Eglises d'un travail aussi substantiel, aussi solide et aussi bien écrit que celui de M. le professeur Bois, le Comité de la Société des Livres religieux de Toulouse s'est empressé de répondre au vœu de la conférence, et il demande au Seigneur, de qui seul procède toute bénédiction, de rendre cette publication salutaire à plusieurs.

Puisse ce travail montrer à ceux qui la nient l'importance absolue du surnaturel chrétien dans la vie et pour la vie religieuse, et encourager ceux qui sentent cette importance à s'approcher de plus en plus de Celui qui est tout à la fois le chemin, la vérité et la vie, et dans la communion duquel nous pouvons trouver sans cesse la lumière, la sainteté et la paix !!

Au nom du Comité,

FRANK COURTOIS.

louse ; Lourdes, id., Carla ; de Larlenque, id., Saverdun ; Laurens, id.; Lafargue, diacre, Saint-Antonin ; Lautré Jules, ancien, Calmont ; Lourdes, id.; Mather, id., Toulouse ; de Montbrison, id., Paris ; de Malleprade, id., Lafitte ; de Marveille, id., Montpellier ; d'Ounous Louis, id., Sabarat ; d'Ounous Léo, id., Saverdun ; de Prat, id., Saverdun ; Prat de Lestang, id., Mazères ; Pancol, id., Camarès ; Russel, id., Toulouse ; Sol Ed., id.; Sol Jules, id., Mazères ; de Védrines, id., Montflanquin ; Villars, id., Vauvert ; Bermond-Lacombe, diacre, Toulouse ; Bez, id.; Courtois, id.; Angammare, étudiant, Montauban ; Benezech, id.; Bergeret, id.; Boursaus, id.; Couve, id.; Devisme, id.; Draussin, id.; Fournier Léon, id.; Fournier Prosper, id.; Farel, id.; Foltz Jules, id.; Guerlach, id.; de Grenier-Fajal, id.; de Grenier-Latour, id.; Jaulmes Théophile, id.; Laforgue Joël, id.; Horth, id.; Lambert, id.; Méjan, id.; Penel, id.; Robin, id.; Terraillon, id.; Jolibois, délégué, Albi ; Lagarde, id., c^{re} Lot-et-Garonne, Tonneins ; Schlœsing, id., Montauban ; de Gervain, id., Nérac.

DE LA VALEUR RELIGIEUSE

DU

SURNATUREL.

Messieurs,

La question du surnaturel n'a pas besoin de longs discours pour s'introduire auprès de vous. Aucune n'est plus actuelle ni plus urgente : elle s'impose et elle se mêle à tous nos débats.

Jamais, d'ailleurs, préoccupation ne fut plus légitime. Il n'existe pas, en effet, beaucoup de questions aussi grandes que celle du surnaturel : bien comprise, elle est du nombre de celles qui impliquent toutes les solutions suprêmes ou qui y sont impliquées. On ne peut, cela deviendra tous les jours plus évident, affirmer le surnaturel ou le nier sans établir du même coup ou renverser tout un édifice de vénérables croyances et de hauts principes ; et, sur quelque terrain que l'on se place, il apparaît comme renfermant en soi les décisions souveraines et déterminantes.

L'envisage-t-on au point de vue métaphysique? La notion de Dieu et de son activité, les relations de Dieu avec le monde, et, par suite la notion de l'homme et de sa destinée, c'est-à-dire toute la métaphysique, toute la philosophie, toute la morale, sont engagées dans le débat, et le choix nous est imposé entre deux doctrines absolument contraires : le panthéisme et le théisme.

Envisage-t-on le surnaturel au point de vue historique ? Je ne dis pas que la notion même de l'histoire sera en discussion, car l'idée que l'on doit se faire du développement de l'espèce humaine rentre dans la philosophie dont je viens de parler; mais, je dis, sans crainte d'être démenti, que toute la critique historique sera déterminée par l'affirmation préalable de la possibilité ou de l'impossibilité du surnaturel.

Au point de vue théologique ? Rien ne différera plus d'une théologie qui croit au surnaturel qu'une théologie qui le rejette. Ce seront comme deux mondes opposés, sans autre point de contact possible, en vérité, que l'inconséquence.

Mais, au point de vue religieux, le surnaturel a-t-il la même valeur?

On avait cru jusqu'à nos jours que si le surnaturel a quelque part une importance essentielle, une place nécessaire, c'est dans la religion. Mais, aujourd'hui, beaucoup soutiennent justement le contraire, et le reproche principal qu'ils adressent au surnaturel dont ils ne veulent plus, c'est qu'il est inutile à la piété. Que Dieu ait pu faire, qu'il ait fait ou qu'il n'ait pas fait de miracles, cela peut avoir un intérêt historique ou métaphysique, mais cela ne touche en rien à la vie religieuse elle-même. Celle-ci subsiste et grandit sans ces faits extraordinaires et toujours douteux ; elle se passe de surnaturel ; il n'y a donc pas lieu de s'en occuper.

Tel est, en deux mots, le point de vue auquel se placent généralement aujourd'hui les adversaires du surnaturel, au sein de notre protestantisme français. Ainsi, c'est la thèse que soutiennent et développent M. Pécaut dans l'*Avenir du théisme chrétien*, M. Bost dans *Le protestantisme libéral*, le rapporteur de la dernière conférence du Gard à Nîmes, et les cinquante-deux signataires de la déclaration libérale de Paris touchant la résurrection de Jésus-Christ.

Disons-le hautement : le point de vue religieux et pratique est pour nous le premier.

S'il nous était effectivement prouvé que la vie religieuse peut sans dommage se passer du surnaturel, nous laisserions le débat sur ce point d'histoire ou de philosophie s'agiter avec beaucoup d'autres dans l'école, passionner les philosophes ou les théologiens ; mais nous n'en ferions pas notre drapeau : nous nous regarderions comme très-légers et très-coupables de troubler les âmes et les Eglises avec cette question de théorie. Nous irions plus loin : non-seulement nous ne nous battrions plus pour le surnaturel, mais encore nous tournerions toutes nos armes contre lui. S'il n'est pas nécessaire à la vie religieuse, il n'est plus pour elle qu'une superfétation et un embarras. Il ne saurait être indifférent d'y croire ou de n'y pas croire. Le premier service à rendre aux âmes est de débarrasser la religion de cette surcharge étrangère, et de la ramener à sa simplicité essentielle. Tel serait notre langage et tel serait notre effort. Nous ne pourrions rester un moment dans le point de vue mitoyen et timide, disons-le, aisément ridicule, de ceux qui croient à un surnaturel qu'ils se hâtent de déclarer inutile, comme si Dieu pouvait faire sans raison un déploiement extraordinaire de puissance ! Non, il n'y a pas de milieu : si le surnaturel n'est pas nécessaire, il n'est pas, et nous ne le maintenons avec autant de fermeté, et nous ne le défendons avec autant d'émotion, que parce que nous le croyons indispensable à la vraie piété ; et c'est avant tout l'intérêt des âmes et non celui d'une tradition ou d'une doctrine qui nous tient à cœur dans cette véhémente revendication.

Examinons donc sérieusement le surnaturel à ce point de vue spirituel qui est pour nous souverain, et déterminons quelle est sa valeur religieuse. En m'invitant à me placer sur ce terrain, la conférence ne m'a pas seulement indiqué la position que prennent aujourd'hui les adversaires du surnaturel, elle m'a en vérité montré ce grand sujet par son grand côté, mais aussi par son côté émouvant. Toutefois, je me suis attaché à remplir ma tâche avec calme ; et si parfois je vous parais trop tranquille, trop froid, quand il s'agit de ce qui fait la vie de nos âmes , souvenez-vous , Messieurs , que j'ai été constamment préoccupé d'éviter jusqu'à l'apparence de mériter le reproche qu'on est si prompt à nous faire, et qu'il nous serait si aisé de renvoyer à qui nous l'adresse, de donner des déclamations pour des raisons.

Avant toutes choses, il faut définir les termes , et d'abord celui qui désigne l'objet même de notre recherche : le surnaturel.

On a souvent jeté le défi aux partisans du surnaturel de le définir : c'est, dit-on, une notion tellement contradictoire en elle-même, qu'il est impossible de l'exprimer en français ; la nommer d'un mot que l'on n'a garde d'expliquer, qui se résout en absurdités dès qu'on cherche à le traduire en propositions intelligibles, voilà, assure-t-on, tout ce qu'il est possible de faire. Messieurs, je ne puis me résoudre à prendre au sérieux cette difficulté , quand je vois ceux qui la présentent déclarer sans la moindre hésitation que les premiers chapitres de saint Luc, ou tels autres , ne sont pas historiques parce qu'ils sont pleins de surnaturel. On n'ignore donc pas tellement ce que c'est que le surnaturel , puisqu'on en fait un critère d'erreur , et ses adversaires sauraient eux-mêmes le définir puisqu'ils savent le reconnaître pour le rejeter.

J'en conviens : il y a tel point de vue dans lequel la définition du surnaturel est, en effet, impossible. Le panthéisme , par exemple, ne peut voir dans ce mot qu'un non-sens ; car, d'après ce système, la nature n'est pas distincte de Dieu, et, dès lors, le surnaturel ne pourrait être que le surdivin, absurdité qui ne saurait venir à l'esprit d'aucun homme. Tout ce qui reste de cette observation, c'est que le panthéisme exclut le surnaturel , et le surnaturel exclut le panthéisme : on ne peut affirmer l'un et l'autre à la fois. Voilà tout. Mais dès qu'on sort du panthéisme, le surnaturel devient intelligible, car si la nature et Dieu sont réellement distincts, on conçoit qu'il puisse être question d'une action de Dieu supérieure ou extérieure à la nature.

Il est vrai que l'on prononce ici deux grands mots qui doivent trancher la question. On accuse cette distinction, qu'on appelle une séparation absolue, d'être du pur déisme, et l'on affirme que la conscience moderne ne peut désormais accepter que le Dieu immanent. Ne parlez donc pas de surnaturel , s'écrie-t-on, car la nature n'est point séparée de Dieu qui agit en elle, à moins que vous n'ayez l'absurdité de croire à une action de Dieu supérieure ou contraire à une autre action de Dieu, à un divin *surdivin* ou *contre-divin*. Ne dites pas que le surnaturel est une intervention de Dieu , parce que l'on n'intervient que là où l'on n'est pas et que Dieu est partout et en tout.

Que de choses à dire sur ces étranges philosophes qui prétendent unir dans leur pensée ces deux contraires : la personnalité de Dieu et l'identification de la nature avec Dieu ! Mais, ne sortons pas de notre sujet, qui est placé en dehors de la métaphysique.

N'éclaircissons qu'un seul point, dont nous ne pouvons ici nous passer. La nature est-elle pour le théisme de l'immanence autre chose que Dieu, oui ou non ? Voilà une question à laquelle je voudrais qu'il fût donné un jour une réponse nette et catégorique. Précisons. Voici une force de la nature, l'électricité, la gravitation ou telle autre, n'importe ! Est-ce Dieu que cette force, j'entends une certaine manière d'être et d'agir de Dieu ? Ou bien, est-ce une force que Dieu a voulue et veut, mais qui n'est ni lui ni sa volonté ? Si l'électricité, la gravitation, le calorique, etc., sont Dieu, ou la volonté de Dieu, ou l'acte direct de Dieu, je comprends que vous ne puissiez entendre ce que c'est que le surnaturel, et que vous n'y voyiez qu'un non-sens ; mais, alors vous comprendrez aussi que je n'aperçoive plus ce qui vous distingue du panthéisme, si ce n'est la plus monstrueuse des inconséquences. Si ces forces de la nature ne sont pas plus, pour vous que pour nous, Dieu ou la volonté de Dieu, ou l'acte même de Dieu, mais des forces que Dieu a créées, le surnaturel peut être conçu et défini. Dieu est au-dessus de cette force par lui créée ; il la veut, mais à sa place et dans son ordre ; il la veut, mais telle qu'elle est, susceptible de subir non-seulement l'action excitante ou limitante de ses égales, les autres forces de la nature, mais avant tout, celle de la maîtresse souveraine, la volonté divine. Il n'est donc pas, de premier abord, absurde ou inintelligible de soutenir que Dieu, tout en étant dans le monde, peut agir de manières différentes, ou conformément ou

contrairement (1) aux forces de la nature, ou indépendamment d'elles, et produire un effet qu'elles
n'eussent point produit sans une action divine spéciale. Enfin la résurrection d'un mort par la volonté
d'un Dieu immanent est une notion qui n'a rien en
soi d'inconcevable.

On parle avec dédain du déisme. Ce mot ne nous
effraie pas plus que celui d'immanence ne nous fas-
cine. C'est aux choses mêmes que nous regardons.
Quelle était la thèse caractéristique du déisme ? c'é-
tait justement que Dieu ne pouvait retoucher son
œuvre. Une fois qu'il l'avait créée, il l'abandonnait
aux lois générales, l'ayant assez sagement ordonnée
pour qu'elle se suffît à elle-même et n'eût jamais
besoin d'être réparée. C'est précisément ce que soutiennent les adversaires du surnaturel. Tout ce qu'ils
ont ajouté à cet ancien déisme, c'est une immanence
qui compromet la vérité que sauvegardait l'ancien
système, à savoir, la personnalité de Dieu.

Il est vrai, nous distinguons, d'une distinction absolue, Dieu et le monde. A nos yeux, l'un n'est, en
aucun sens, une manière d'être de l'autre ; mais le
monde est l'œuvre de Dieu. Si c'est là être déiste,
nous le sommes et nous le serons toujours. Mais,
nous ne séparons point pour cela Dieu du monde qui,
selon nous aussi, ne subsiste que par la volonté de
Dieu, et non pas seulement par sa volonté proclamée,

______

(1) En un sens, ce n'est jamais *contrairement*, puisqu'il est, de création, dans
l'essence des forces de la nature de pouvoir subir des actions divines spéciales.

une fois pour toutes, il y a des milliers d'années , mais par sa volonté permanente , actuelle , de toutes les heures , de tous les instants. Dieu n'est point hors du monde; il est dans le monde qu'il soutient, qu'il pénètre et enveloppe de son influence, qu'il conduit vers le terme glorieux et saint, marqué par son amour. Nous vivons , nous nous mouvons, nous sommes en Lui, a dit saint Paul ; mais il n'a pas dit : nous sommes Lui. Pour moi , je suis disposé à répéter les paroles les plus hardies sur l'immanence de Dieu dans le monde , pourvu que sa transcendance soit nettement affirmée, pourvu qu'il soit bien entendu que Dieu et le monde demeurent distincts non comme la volonté ou l'action l'est de celui qui veut et agit , mais comme la création l'est de son Créateur. Dès lors , il peut être question d'un acte nouveau , d'une intervention particulière de Dieu dans le cours des choses ; on peut parler d'un fait qui dépasse la virtualité des forces de la nature, ou de la neutralisation, dans tel cas donné , de telle de ces forces. Enfin , l'on peut concevoir et définir le surnaturel, et ce mot n'est point un non-sens : le surnaturel, c'est une action spéciale de Dieu, produisant, en vue d'un but supérieur, des faits que n'eût point amené l'enchaînement de causes et d'effets qui constitue la nature.

Quand nous affirmons le surnaturel, voici donc ce que nous affirmons : un Dieu qui est dans le monde, distinct du monde et supérieur au monde, souverainement libre et tout-puissant, qui met le royaume de l'esprit, œuvre de la liberté, au-dessus de la nature, domaine de la fatalité; qui estime à plus haut prix que l'univers entier le salut des âmes qu'il a créées pour participer à sa félicité et à sa gloire ; qui prend au sérieux, si l'on ose ainsi parler, la liberté de la créature formée à son image, lui laisse une large carrière, et ne veut pas que son développement ou son retour au bien soit nécessité par l'ordre universel ; qui agit par la liberté sur la liberté, comme personne sur des personnes et non comme une force sur une chose ; qui aime et le prouve, qui écoute et répond, qui secourt et délivre ; disons-le : un Dieu esprit et amour.

Si c'est là le surnaturel, peut-on réellement mettre en doute sa valeur religieuse? et ne semble-t-il pas qu'en le définissant nous n'avons fait autre chose que d'exposer la notion religieuse de Dieu ?

Toutefois, nous l'avons dit, il ne manque pas de gens aujourd'hui qui soutiennent la thèse étrange et nouvelle que le surnaturel, indépendamment de toute considération métaphysique ou historique, est, dans le fond, non-seulement inutile, mais contraire à la religion bien comprise, et plus propre à troubler la foi qu'à la nourrir. C'est assurément s'inscrire en faux contre l'expérience du passé, qui nous montre partout et toujours la religion unie au surnaturel. Comment est-il probable que ce qui a fait partie intégrante et essentielle de toutes les religions se trouve en réalité n'avoir aucun rapport avec la religion, et, s'il faut en croire quelques esprits extrêmes, en être l'intime négation ?

Je n'insiste pas sur cette observation préalable, et

ne prétends en tirer que ce qu'elle donne : une forte présomption.

Je dois et veux étudier la question en elle-même. Nous avons vu ce que c'est que le surnaturel ; qu'est-ce que la religion ? Les deux termes définis, nous verrons dans quel rapport ils sont ensemble.

Il est assez de mode, aujourd'hui, de définir la religion : l'aspiration, ou l'effort vers l'infini, l'absolu, l'idéal, le divin. Je ne m'arrêterai pas à faire ressortir les défauts et l'insuffisance de cette définition, si mal déterminée qu'elle ne distingue la religion ni de la philosophie, ni de l'art, ni de la poésie, ni même de la science, qui sont à leur manière aussi des aspirations de l'esprit humain vers l'infini, vers l'idéal ou le divin ; je ferai seulement remarquer que définir la religion de la sorte, c'est exprimer le fait le plus concret et le plus vivant par la formule la plus vague, la plus abstraite, et, par là même, la moins exacte. La conscience religieuse, en effet, ne nous parle pas d'infini, d'absolu, d'idéal, d'abstraction : elle nous parle d'un être vivant et réel, d'une personne très-caractérisée, si j'ose ainsi m'exprimer, infiniment sage, bonne, puissante, sainte autant que redoutable ; et la vie de la piété consiste à se sentir partout et toujours unie à cette personne adorable, à vivre en elle, par elle, pour elle. Qu'il y ait des aspirations vers un monde supérieur, vers l'éternel et l'immuable, vers la sainteté et la perfection infinies dans l'âme religieuse, nul ne le conteste ;

mais ces aspirations sont un élément de sa vie et n'en font point l'essence. Celle-ci consiste, avant toutes choses, à être et à se sentir unie avec Dieu. Que les religions imparfaites et humaines qui ont précédé la religion vraie et définitive n'aient pas réalisé cette union de l'homme avec Dieu, et n'aient fait que la rechercher et la tenter chacune à sa manière ; que, par conséquent, elles ne soient, en dernière analyse, que des aspirations, cela est certain ; encore faudrait-il dire aspiration, effort vers Dieu et non vers l'infini. Mais, jamais une religion n'a eu d'adeptes qu'à la condition de promettre à l'homme non de lui donner des aspirations vers la Divinité, mais de le mettre en rapport avec elle, de l'unir à elle d'une manière ou d'une autre ; et s'il y a quelque part une religion vraie, elle ne saurait être autre chose que cette union même réalisée dans les âmes croyantes.

Union avec Dieu, disons-nous ; mais, quelle union ? Dans les systèmes panthéistes, l'homme n'étant qu'une manifestation ou une manière d'être de Dieu, est amené, par le déploiement progressif et nécessaire de sa nature, à prendre conscience de ce qu'il est, et à se sentir, dans le fond de son être, un avec Dieu. C'est alors que la religion commence ; mais l'union dont il est question dans ces doctrines d'impersonnalité et de fatalisme est une union de substances et non de personnes ; nous devrions dire identification. Il est remarquable que les mêmes théistes, que nous avons vu emprunter au panthéisme sa doctrine de l'immanence, lui prennent souvent encore sa notion de la religion. Descendez en vous-même, jusque dans les profondeurs de votre être, nous disent-ils eux aussi, et vous y trouverez Dieu; vous sentirez que, par votre dernier fond, vous tenez à Dieu comme tout le reste; vous prendrez ainsi conscience de votre union profonde et nécessaire avec l'Etre universel, qui est le principe, la racine de toute existence et par conséquent de la vôtre. Le sentiment que vous aurez de ce fond divin de votre être sera la religion en son principe, en son essence.

Certes, l'homme est fait pour Dieu comme il a été fait par lui; il a besoin de Dieu; un attrait intérieur l'entraîne vers Dieu, et il ne trouve qu'en lui son repos et sa satisfaction suprême; il y a, enfin, une certaine affinité entre le créateur et sa créature; ce n'est pas nous qui le nierons, sans doute, nous qui croyons que l'homme a été formé à l'image de Dieu. Mais que l'homme soit naturellement, substantiellement, par conséquent nécessairement uni à Dieu; que cette union existe, qu'il le sache et le veuille ou non, de telle sorte qu'il n'ait qu'à en prendre conscience, et non à la former pour qu'il y ait religion, nous ne pouvons l'accorder, et, à dire la vérité, je ne comprends cette conception que dans le panthéisme, où on l'a prise et où il faut la laisser.

Quand il s'agit de vie religieuse, on n'est pas sur le terrain de l'ontologie, et il ne saurait être question d'une union de substances : on est sur le terrain éthique, et c'est de personnes vivantes et réelles qu'il s'agit. Or, une telle union n'existe pas réellement avant qu'on en ait pris conscience et sans qu'on l'ait voulue : elle peut se préparer à l'insu des parties contractantes, souvent attirées l'une vers l'autre avant de s'en apercevoir et de le rechercher, mais elle ne se constitue effectivement que par la volonté et à la pleine lumière de la conscience. Je me donne à Dieu, je m'unis à Dieu, et je demande à Dieu de s'unir à moi (1). Je sens que le don que je fais de moi-même est réel, qu'il a été accepté et qu'il a trouvé du retour, que Dieu s'est aussi donné à moi, uni à moi, à moi-même; permettez-moi ce langage, Dieu et moi, nous nous aimons; voilà en son principe, la religion réelle et vivante. Notons-le encore une fois : toute union entre personne suppose la volonté, chez l'une et chez l'autre, d'être unies. Si l'une est seule à rechercher, il y a désir, effort ; il y a souffrance et combat : il n'y a pas encore union. Il faut que les deux se recherchent mutuellement.

De même, pour que je me sente uni à Dieu, il faut que je sois assuré que Dieu s'est uni à moi; qu'il m'en ait donné et qu'il m'en donne chaque jour des témoignages certains. La réciprocité est le caractère constant et nécessaire de ce rapport personnel. Prenez les manifestations du sentiment religieux sous toutes ses formes, depuis le degré le plus inférieur, le plus grossier, le plus défectueux, jusqu'à

______

(1) On comprend que je parle ici d'une manière générale. Je n'oublie point la parole de saint Jean : « Ce n'est pas nous qui avons aimé Dieu, mais c'est lui qui nous a aimés » (1 Jean, IV, 10).

son degré le plus élevé, le plus parfait ; depuis l'adorateur stupide du fétiche jusqu'à Jésus, l'homme religieux idéal, — partout, vous retrouvez ce trait commun, l'adorateur se croit non-seulement en la possession, mais en possession de son Dieu ; il se croit connu, aimé, écouté, protégé de son Dieu ; il se croit l'objet de l'attention personnelle, dirai-je, de la Divinité qu'il sert ; il n'en saurait être autrement. On ne s'unit pas à une abstraction ; on ne se met pas en communion avec une loi générale, avec une force universelle, qui ne vous connaît pas d'une connaissance particulière, et ne vous a pas plus directement pour objet que telle autre partie de l'univers. On n'est en communion qu'avec une personne vivante, à qui l'on peut parler et qui peut et veut vous répondre. S'il y a donc quelque chose qui soit contenu dans la notion même de la religion, c'est l'idée d'une action spéciale de Dieu, en vue de l'homme qui lui est uni. On voit déjà comment le surnaturel, qui n'est autre chose qu'une action spéciale de Dieu, est réclamé par l'essence même de la religion. Cette vérité va ressortir avec plus de précision et de clarté des développements suivants.

En effet, de tout ce que nous venons d'exposer il résulte que la vie religieuse ne saurait être le produit inévitable d'un développement de nature, mais est l'acte suprême de la liberté.

D'abord, liberté de la part de Dieu.

Personne ne conteste que l'action de Dieu ne soit

nécessaire pour qu'il y ait religion, car ce serait nier la religion même que de soutenir que l'on peut en avoir en dehors de l'action divine. Aussi, voit-on aujourd'hui les adversaires les plus éloignés se rencontrer en ce point capital : nécessité de l'action de Dieu en l'homme pour produire en lui la vie religieuse; et jamais, en ce sens, la doctrine du Saint-Esprit ou de la grâce n'a paru avoir plus de croyants; mais jamais aussi peut-être, sous la ressemblance des mots, ne s'est cachée une aussi grande contradiction de doctrines. Il importe de s'entendre.

Vous parlez en d'excellents termes, dirons-nous aux adversaires du surnaturel, d'une action intérieure de Dieu en chaque homme; et c'est sous l'influence de cette action divine que se forme et se développe, selon vous, la vie religieuse. Nous le croyons aussi. Mais une question se pose : cette action divine se distingue-t-elle des forces, des aptitudes, qui sont par naissance en l'homme et constituent sa nature? — Quand vous dites que Dieu agit partout dans le monde, si l'on suit les développements et les conséquences que vous donnez à votre pensée, on comprend bientôt que, selon vous, cette action divine ne se distingue pas de l'action des forces de la nature. Ces forces sont, vous nous le répétez assez, la volonté même de Dieu; c'est-à-dire que ces forces sont Dieu même agissant; vous n'avez pas la ressource de pouvoir dire que l'action divine s'exerce par ces forces sur un objet qui soit distinct de Dieu même, car, parler de quelque chose dans le monde qui ne serait pas la volonté de Dieu et sur quoi Dieu pourrait agir, ne serait-ce pas ouvrir la porte au déisme et au surnaturel? Vous ne le voulez à aucun prix. Donc, pour vous, rien, en dernière analyse, dans le monde matériel que Dieu voulant et agissant.

Si nous passons au monde spirituel, changez-vous de conception? L'inconséquence serait trop criante. Non, dans le domaine des esprits, pas plus que dans celui de la matière, il ne vous est permis de distinguer l'action divine des forces naturelles; ces forces naturelles, c'est-à-dire ici humaines, sont elles-mêmes cette action de Dieu. Voyons les choses en face et sachons leur donner leur vrai nom. Pour vous, au fond, le divin c'est l'humain. Prenez garde : si vous protestez, si vous distinguez l'action de Dieu des forces humaines, vous admettez une action de Dieu sur la nature, distincte de la nature, et lui faisant produire ce qu'elle n'eût point effectué par elle-même : c'est du surnaturel, c'est notre thèse prouvée. Pour éviter une telle conséquence, vous êtes contraints de ne voir dans l'action de Dieu que la nature de l'homme se développant elle-même selon les lois et avec les forces qui lui sont propres; par conséquent, votre doctrine si accentuée du Saint-Esprit se trouve n'être que du pélagianisme, mais du pélagianisme moins la liberté, c'est-à-dire moins ce qui fait l'excuse, et j'ose dire la grandeur de cette vieille hérésie. Que parlez-vous donc toujours de l'action intérieure de Dieu pour produire en nous la vie religieuse; ce langage est un leurre qui ne trompe que vous; car, cela est trop évident, il ne reste au fond du creuset où nous analysons votre pensée que l'homme, à moins que ce ne soit Dieu, auquel cas je ne vous accuse plus de pélagianisme, mais, encore une fois, de panthéisme. Ou l'homme seul ou Dieu seul, voilà le fond secret et dernier de votre doctrine. Jamais, en réalité, l'un avec l'autre; c'est dire que dans les deux cas vous niez la religion en son essence, puisque vous supprimez l'une des deux parties dont l'union la constitue.

J'ai dit le pélagianisme moins la liberté. En effet, le signe, la condamnation des systèmes qui veulent se passer du surnaturel, c'est qu'ils enferment tout le développement de l'homme dans une loi de nécessité. Ils ne peuvent sérieusement tenir compte de la liberté, cet élément essentiel de la vie morale et religieuse. Cela résulte d'abord de cette identification de l'activité de Dieu avec les forces de la nature et de son assujétissement à leurs lois; cela résulte ensuite de ce grand principe exclusif du surnaturel, à savoir, que l'action de Dieu est partout et toujours identique; qu'elle s'exerce de la même manière dans la plante, dans le minéral ou dans l'homme, dans le juste ou dans l'impie. Ainsi, pour ne pas attribuer à la Divinité des actions spéciales appropriées aux dispositions et aux actes des individus, ils font de Dieu, quoi qu'ils en disent, une force de nature aveugle et fatale, qui n'entre et ne peut entrer dans aucune considération de personnes ou de situations particulières, pas plus que le soleil ne saurait proportionner l'ardeur de ses rayons à la vigueur ou à la faiblesse des plantes. Et, du même coup, l'homme perd sa dignité de créature libre et morale ; il n'est plus qu'une chose qui subit l'action de la force universelle. Tout devient en nous développement et non acte. L'être humain est une virtualité qui se réalise de plus en plus par une force intérieure et naturelle qui n'est pas la volonté. Si l'on parle encore de décision, d'effort, etc., c'est parce que il est impossible de se débarrasser complétement des formes du langage ordinaire et des conceptions innées à notre être. Mais, ou l'on entend sous ces expressions autre chose que le commun des hommes, ou l'on est inconséquent en toute sécurité. Le fait est que, dans cette conception naturaliste de l'action divine dans les âmes, on ne peut plus parler de la religion comme d'un rapport mutuel de personnes vivantes qui se connaissent, qui s'aiment et communiquent ensemble : c'est une germination, une éclosion, un épanouissement, un fait de nature ; enfin c'est de la physiologie, c'est tout, excepté de la religion. La liberté est absente, et avec elle la personnalité, condition de toute sanctification et de toute piété.

Introduisez la liberté : de ce moment, vous distinguez l'action de Dieu de l'action de l'homme, et vous dites quelque chose d'intelligible et, de sérieux quand vous parlez de l'une et de l'autre, puisque vous maintenez à toutes les deux leur réalité entière. Le rapport qui unit l'homme et Dieu cesse d'être un développement nécessaire de nature pour devenir un

échange volontaire, de part et d'autre conscient;
osons le dire, il suppose et exige une action réciproque de l'un sur l'autre. L'homme libre subit libre-
ment l'influence divine, et Dieu tient compte, dans
son action, des déterminations de l'homme. Qu'on ne
dise pas que cette condescendance abaisse la majesté
divine : elle la relève en faisant éclater son amour.

Quoi qu'il en soit, ce qu'il importe ici de remarquer, c'est que ce soin des individus, cette attention
à leurs dispositions et à leurs actes, cette accommo-
dation de l'action divine aux situations particulières,
et cette influence de l'homme sur la Divinité sont
justement des éléments du sentiment religieux. Partout et toujours, c'est ce qu'a désiré, cru et senti
l'homme pieux.

Or, tout ceci n'est pas autre chose qu'une action
particulière de Dieu distincte de l'action des forces
de la nature, c'est du surnaturel. Effacez-le et ne
laissez subsister qu'une action de Dieu toujours identique à elle-même comme celle de la lumière ou de
l'électricité, non distincte des forces de la nature, et
vous mettez l'homme en présence d'une loi générale,
sous l'empire d'une force universelle ou en face de
lui-même etavec ses seules forces, — et la religion
n'est plus.

Qu'on ne soutienne donc pas que le surnaturel est
indifférent ou nuisible à la vie religieuse : il en fait
partie intégrante et nécessaire. La religion est, dans
son essence, surnaturelle; être religieux, c'est se
croire et se sentir en plein surnaturel.

Ne nous contentons point de cette considération générale; entrons dans quelque détail et vérifions le résultat acquis en prenant l'une après l'autre les parties principales de la religion.

Je dis d'abord que la notion religieuse de Dieu reste sans portée si l'on nie toute action surnaturelle.

Le premier élément de cette notion, nos théistes l'affirment hautement, c'est la personnalité de Dieu; mais par une inconséquence qui n'a sa pareille que chez ces anciens déistes par eux si dédaignés, ils ne veulent reconnaître nulle part une action personnelle et directe de Dieu. Selon eux, rien dans la nature, rien dans l'histoire, rien même dans la vie de l'individu qui ne doive se rattacher à des causes naturelles, qui ne puisse être montré ou supposé faire partie de l'enchaînement universel, avoir été contenu et engendré par ce qui le précède; tout se meut et se produit selon les lois générales qui gouvernent l'univers, partout donc, non la personnalité, mais l'impersonnalité. De quel droit, par conséquent, affirme-t-on la personnalité de Dieu? où la voit-on se proclamer et se produire? On l'exclut avec un soin jaloux de la nature, de l'histoire, de la vie individuelle pour mettre à sa place la loi, c'est-à-dire ce qu'il y a de plus impersonnel. Encore un coup, sur quoi se fonde-t-on pour l'affirmer? La conscience religieuse l'exige, dites-vous, et elle a un droit souverain. Je le crois et le maintiens comme vous. Oui, c'est un Dieu personnel qu'elle veut, et c'est un Dieu personnel qu'elle proclame. Lui ôter le Dieu personnel ce serait la détruire, et avec elle toute religion. Mais qu'entend-elle par là? est-ce un mot qu'elle demande? est-ce une abstraction? et l'a-t-on satisfaite quand on lui donne, en parole ou en théorie, un Dieu personnel qui ne fait rien personnellement? Je m'assure que si elle réclame le Dieu personnel, c'est qu'elle a besoin de l'action personnelle de Dieu. Vous la lui refusez partout; vous lui montrez partout des forces aveugles, des lois générales, inexorables, des effets se rattachant à des causes naturelles et se produisant nécessairement, enfin, ce grand organisme, dirai-je, ou mécanisme de l'univers dans lequel circule la vie universelle par des mouvements éternellement réglés; et rien ne trouble plus votre pensée que la supposition qu'une volonté particulière de votre Dieu soi-disant personnel pourrait introduire, dans cet enchaînement serré et rigide, un fait nouveau, accélérer ou ralentir, sur un point quelconque de ce vaste corps, le mouvement de la vie. Encore une fois, qu'est-ce pour vous que la personnalité de Dieu? Vous me rappelez ces admirables despotes qui proclament, par tous leurs journaux et tous leurs discours officiels, que sous leur règne les citoyens sont libres, mais qui les arrêtent et les enferment dès qu'ils se permettent la moindre liberté. Votre Dieu est personnel, mais à la condition de ne le faire voir nulle part. Voilà un homme parfaitement constitué, en possession de tous ses membres; seulement il est enchaîné et ne peut se mouvoir : c'est l'image de votre

Dieu ; selon l'énergique expression du poëte Heine, il est enseveli pieds et poings liés dans la nature. Je ne discute pas ici la valeur métaphysique de cette étrange conception ; mais je demande ce qu'elle est au point de vue religieux. De quel usage est cette croyance à la personnalité divine pour l'âme pieuse ? Son besoin le plus profond est de rencontrer le cœur, la volonté, la personne de Dieu. Dans votre système, elle se heurte de tous côtés contre la loi, l'ordre universel. Pourquoi écouter la conscience religieuse un moment et ne pas l'écouter jusqu'au bout ? Sachez-le ; quand elle demande un Dieu personnel, ce qu'elle veut, c'est un Dieu auquel l'homme puisse parler, et qui parle lui-même à l'homme. Il faut, à mon âme comme à la vôtre, non l'harmonie universelle des choses et l'éternelle combinaison des causes et des effets, mais un Dieu vivant qui me connaisse personnellement, qui s'approche de moi, qui entre dans le détail de ma propre vie, reçoive les confidences de mon cœur blessé, me console, me pardonne, me délivre, enfin un Dieu qui agisse spécialement pour moi. Là est la personnalité divine au sens religieux, — là est le surnaturel.

On nous dit : mais cet ordre universel, c'est l'amour de Dieu qui l'a institué et qui le maintient. Cela doit suffire à l'âme humaine ; de quelque côté qu'elle regarde, elle peut se dire qu'elle voit, non pas la loi froide et indifférente, mais l'amour de son Père qui est présent et actif partout. La foi en l'amour de Dieu, c'est la religion par excellence, et le titre suprême de

Jésus de Nazareth à la reconnaissance des hommes, c'est de leur avoir appris à donner au Maître de l'univers ce doux nom de Père.

Mais je ferai ici les mêmes observations que tout à l'heure. Que devient cette foi en l'amour de Dieu dans un système qui a horreur du surnaturel? Je le disais, partout la force, partout la loi, partout l'enchaînement fatal. J'ajoute, partout le sacrifice des individus aux races, des races aux espèces, des espèces elles-mêmes à l'ensemble; partout le progrès (si c'est un progrès) par la mort. M. Renan l'a dit quelque part, je crois : « la nature est immorale; » elle ne fait aucune distinction entre les bons et les méchants; encore, si cette indifférence ne se montrait que dans la distribution de ses bienfaits, on pourrait y voir la marque adorable d'un amour qui bénit même ses ennemis : Dieu fait lever son soleil sur les justes et les injustes. Mais une avalanche écrase tout un village sans en épargner les justes; les épidémies emportent les bons pêle-mêle avec les impies. Où se fait voir la bonté divine? L'histoire aussi est immorale : elle nous donne sans cesse le révoltant spectacle du nombre et de la force triomphant du droit... Où se fait voir la paternité divine? M. Pécaut écrit, en rejetant avec une sorte de fierté toute révélation surnaturelle comme inutile : « Je crois au Dieu vivant, personnel, infiniment sage et bon, parce que tout me parle de lui. » J'aurais aimé que cet auteur nous eût fait entendre ce langage universel; car j'ose dire que, d'après son système, rien ne lui parle certainement d'un tel Dieu, et presque tout paraît parler plutôt contre lui que pour lui. Ne sait-il donc pas les lourds problèmes qui ont pesé et qui pèsent encore sur toute pensée théiste, les difficultés perpétuellement renaissantes, les démentis éclatants que le cours réel des choses oppose à cette affirmation d'un Dieu-Amour? En vérité, je ne puis assez admirer la naïve confiance de ces théologiens de la religion naturelle. Ils sont difficultueux à l'excès quand il s'agit de nos doctrines ou de nos miracles, mais on les voit d'une facilité et d'une complaisance extraordinaires pour accepter les dogmes fondamentaux de leur théisme. Cela est tout simple pour eux d'affirmer en face de la seule nature et de ses lois fatales la personnalité et l'amour de Dieu. En vérité, ils parlent de la crédulité des partisans du miracle ; eh bien ! pour moi, je trouve qu'il y a plus de crédulité à croire à la personnalité et à l'amour de Dieu en niant le surnaturel, qu'à croire le plus improbable des miracles.

Est-ce donc que notre propre foi en l'amour de Dieu ne tombe pas sous le coup des mêmes difficultés, et si nous la maintenons néanmoins en dépit de tous ces démentis de l'histoire, de la nature, de la vie, pourquoi nos adversaires ne le feraient-ils pas aussi bien que nous ?

D'abord, nous avons pour nous autre chose que nos aspirations, nos raisonnements ou nos désirs ; nous avons le témoignage de Dieu lui-même, nous croyons qu'il a agi, qu'il a parlé. Ce qu'il a dit, ce qu'il a fait est pour nous un *quand même* qu'aucune expérience au monde ne saurait ébranler. Je suis assuré, dit saint Paul...

Mais que l'on nous comprenne, et marquons bien les positions.

Nous croyons, nous, à l'amour de Dieu, parce que nous avons, nous, des actes positifs directs de l'amour de Dieu. Il est intervenu, c'est notre foi, pour nous sauver. Il nous a donné son Fils unique. De plus, nous expérimentons chaque jour la fidélité et la constance de sa charité : les réponses qu'il accorde à nos prières, l'action sanctifiante et consolante qu'il exerce en nos âmes sont pour nous des faits surnaturels qui nous prouvent l'amour de Dieu par ses actes.

Mais vous, vous affirmez que Dieu est amour, et vous ne me permettez pas de voir, en un endroit quelconque de l'univers ou de l'histoire, un acte d'amour de Dieu. Vous me dites de le nommer mon Père, et vous ne voulez pas que je puisse constater quelque part que ce Père ait pensé personnellement à son enfant ; et quand je demande où sont les actes de mon Père céleste, où sont les témoignages de son affection infinie, qu'a-t-il fait, que fait-il, que fera-t-il pour moi ? Vous me montrez encore et toujours des forces de la nature, des lois générales, la combinaison nécessaire et merveilleuse des effets et des causes ; mais rien, non rien dont je puisse dire : Dieu à fait cela pour moi ! Dans aucun événement de ma vie, vous ne me laissez voir une volonté particulière de mon Père céleste : j'échappe à une grande douleur, ou elle m'atteint; c'est le jeu des forces générales de l'univers, au milieu desquelles je suis jeté et qui, se combinant suivant des lois fixes entre elles et avec celles qui sont en moi, me feront ce que je dois être.

Encore ici, c'est donc un mot, une abstraction que vous donnez à la conscience pour nourriture. Elle veut autre chose. Vous reprochez au christianisme traditionnel d'offrir pour aliment aux âmes des blocs lourds qu'elles ne peuvent s'assimiler, qui pèsent sur elles et les fatiguent au lieu de les nourrir. On ne vous fera pas, je vous l'affirme, une pareille accusation : ce ne sont pas des blocs, ce sont des apparences, des mots (*flatus vocis*), que vous donnez aux âmes sous prétexte de haute spiritualité. Vous proclamez une grande vérité que le surnaturel a établie dans le monde, et, à l'instant, vous lui ôtez toute portée, tout effet, en lui niant tout ce qui la rend vivante pour la conscience religieuse, tout ce qui la fait réclamer et embrasser par elle; vous retenez une magnifique expression religieuse, mais vous ne la livrez à l'âme humaine qu'après l'avoir vidée.

Si la personnalité du Dieu-Amour est dépouillée de toute signification et de tout usage par le théisme antisurnaturel, celle de l'homme ne court pas moins de péril. Nous ne voulons pas insister sur la négation de la liberté qu'implique en soi cette affirmation sommaire, que le seul exercice des forces de la nature amènera nécessairement le triomphe du bien; nous ne voulons toucher ici qu'à un point, l'immortalité.

La croyance en l'immortalité individuelle a été, jusqu'à présent, une des parties essentielles du *Credo* théiste. Tout me fait penser que cet article de foi est en train de perdre ce rang élevé et de descendre vers les places secondaires des croyances facultatives et indifférentes, et que le temps n'est pas éloigné où l'inutilité de la foi en l'immortalité personnelle sera soutenue par nos théistes modernes comme celle de la foi au surnaturel, et par bon nombre des mêmes arguments. Quoi qu'il en soit, pour le moment, ils y croient et ils tiennent à le dire : dans l'œuvre de simplification qu'ils ont entreprise sur les croyances chrétiennes, ils ne sont pas encore allés au delà de la religion dite naturelle ; ils maintiennent que la foi en l'immortalité est un élément essentiel de la religion parfaite, et qu'on peut la conserver sans surnaturel. Mais je serais bien étonné que plus d'un d'entre eux ne fût en lui-même embarrassé de fonder sa thèse sur ce point important. Je ne veux pas nier qu'on ne puisse, en philosophie, donner de belles raisons en faveur de l'immortalité ; je crois les connaître, et à Dieu ne plaise que je cherche à affaiblir la force d'aucune ! Mais je ne dirai rien qui ne soit admis par quiconque a fait de la philosophie et se tient, en particulier, un peu au courant des idées contemporaines, si j'affirme qu'avec nos seules lumières nous ne pouvons arriver là-dessus qu'à des présomptions, à des conjectures, disons le mot, à des désirs. Après tout, qu'y a-t-il de nécessaire à ce que nous soyons immortels ? — Ce qu'il y a de certain, c'est que tout, sans la foi au surnaturel, fonde, soutient, accroît la foi en l'immortalité, et que tout, au contraire, dans la négation du surnaturel, l'ébranle, l'affaiblit, l'efface. Quand je vois Dieu s'occuper du salut des âmes individuelles, intervenir par des miracles pour les sauver, donner son Fils pour que quiconque croira en lui ait la vie éternelle, attirer par sa parole et par son esprit mon propre cœur, écouter mes prières et les exaucer, je sens alors que je ne suis pas un être d'un jour, une apparence éphémère, la manifestation d'autre chose ou une transition passagère à autre chose, je sens que je suis un objet pour Dieu même, qu'il n'est pas possible que Dieu entre en relations vivantes, personnelles, en alliance réciproque avec des êtres qui déjà ne sont plus. Je comprends toute la portée de cette profonde et divine parole : « Dieu n'est pas le Dieu des morts, mais le Dieu des vivants. »

Mais supposez que je ne connaisse et n'admette d'autre action de Dieu que par les lois générales, par conséquent un Dieu qui a en vue l'ensemble et non les individus, je pourrai croire au perfectionnement final de l'espèce, mais pas même à sa durée éternelle, au triomphe général du bien au milieu de l'humanité et par elle. Mais pourquoi dans l'individu ? Et qui sait si ce triomphe glorieux ne se fera pas au sein d'une autre espèce succédant à la nôtre ? On a beau citer la sublime parole que nous rappelions tout à l'heure, elle n'a plus d'application. Le Dieu d'Abraham, d'Isaac et de Jacob, avait des relations personnelles avec ces saints patriarches. Il se révélait à eux, il leur parlait, il leur répondait, non point par la nature ou par leur seule conscience, mais par des actes réels, surnaturels. Or, cela est inadmissible pour le point de vue théiste, qui a horreur du particulier et de l'individuel, et se complaît, comme toutes les philosophies rationalistes, dans la généralité.

Poursuivons en pénétrant plus avant encore dans l'âme religieuse.

En réalité, l'homme n'est point ce qu'il doit être. Il pèche et il est esclave du péché. Il faut donc à l'homme deux choses : le pardon et la régénération. Ce sont là les deux biens que réclame la conscience religieuse du pécheur quand elle est éveillée et qu'elle parle. Peut-elle être assurée de posséder l'un et l'autre sans surnaturel? Ne demande-t-elle pas, pour être satisfaite, que ces dons lui viennent surnaturellement?

C'est là la question. — Commençons par le pardon. Voici ce qu'on nous dit : Dieu est amour; il ne saurait être irrité contre ses créatures, quelque coupables qu'elles puissent être. Du moment que l'homme se repent de ses fautes, qu'il les condamne, et qu'il fait le bien, Dieu ne saurait le punir. Dans le fait, il ne faut pas dire que la repentance de l'homme produise en Dieu un changement quelconque : toute la différence est dans l'âme du pécheur. Il est pardonné avant comme après la repentance : seulement, il ne sent le pardon qu'après. En dernier résultat, qu'est-ce que l'assurance du pardon? c'est le sentiment qu'on

st rentré dans l'ordre, succédant au sentiment qu'on
n est sorti.

Est-ce là ce que dit le sentiment religieux ? Non :
c'est ce qu'on lui fait dire. Sont-ce là les réclamations
de la conscience, et est-ce là son apaisement ? Non :
c'est la doctrine plus ou moins philosophique de ceux
qui prétendent découvrir l'idée rationnelle sous les
formes trompeuses du sentiment religieux. Mais jamais la conscience n'a ainsi parlé, et j'ajoute, n'a
ainsi pensé. Jamais elle ne reconnaîtra ses tragiques
émotions dans cette froide théorie. Ce qu'elle veut, la
conscience, tourmentée par le sentiment du péché,
c'est le pardon de Dieu ; ce qu'on appelle pardon et
non pas l'application de je ne sais qu'elle loi imper-
sonnelle et mathématique ; car ce qu'elle dit au pécheur, c'est qu'il a péché contre Dieu, qu'il est con-
damné par la justice et la sainteté de Dieu, et, par
conséquent, séparé de lui ; et qu'à moins que Dieu ne
lui pardonne, il ne peut qu'être à jamais séparé de
lui. C'est là justement ce qui donne au sentiment de
nos fautes le caractère religieux : sentir avec douleur
qu'on a violé l'ordre universel, qu'on a outragé sa
dignité personnelle, que l'on a failli à l'égard de ses
frères... tant qu'il n'y a que ces sentiments dans
l'âme repentante, ce n'est point encore le sentiment
religieux du péché. Il faut que la pensée de Dieu inter-
vienne et que l'on souffre surtout d'avoir péché contre lui ; que l'on recherche surtout sa grâce. Une philosophie superficielle et sans entrailles soutiendra que
ce sont là des illusions d'enfants que la saine raison

ne peut tolérer, à la bonne heure ; mais qu'elle n'ait pas du moins la prétention d'être une religion en mettant à la place de ces sentiments des théorèmes de logique ; qu'elle reste ce qu'elle est, une philosophie abstraite et glacée ; qu'elle reconnaisse, si elle veut avoir quelque droit à passer pour intelligente, que ces prétendues illusions sont le fond même de la religion.

Après avoir défiguré les demandes de la conscience, il n'y a rien d'étonnant qu'on lui donne autre chose que ce qu'elle veut. Elle sollicite un pardon. Or, s'il y a quelque chose de particulier et de personnel, c'est un pardon et pour celui qui l'accorde et pour celui qui le reçoit. En effet, un seul peut me pardonner : c'est celui dont j'ai violé la volonté ; et ce qu'il me pardonne, c'est ce que j'ai fait, moi ; par conséquent, tels péchés, les miens et non ceux d'un autre, telle dépravation, la mienne et non celle de tous. C'est moi qui sens le besoin du pardon ; c'est à moi qu'il doit être octroyé et, pour moi, le pardon n'existe qu'autant qu'il me vient de Dieu lui-même et que Dieu lui-même me le certifie à moi-même. Il me faut là un acte de Dieu pour moi. Encore ici, dites, si vous le voulez, que ce sont des exigences déraisonnables. Il ne s'agit pas de raison, et nous ne discutons pas aujourd'hui là-dessus (1) : il s'agit de reli-

---

(1) Cela ne veut point dire que je passe condamnation devant la raison, mais seulement que je n'ai pas ici à envisager la question sous ce point de vue. Je crois que ce qu'ils appellent déraisonnable est seul raisonnable.

gion, et je vous défie de soutenir que ces exigences ne soient pas, en effet, celles de la conscience religieuse.

N'oublions pas d'ailleurs que le pardon réclamé par la conscience n'est pas simplement l'oubli des péchés : c'est une réconciliation, un retour de Dieu vers le pécheur qui revient à lui ; c'est le rétablissement par la miséricorde de l'union rompue par la désobéissance ; enfin c'est l'homme et Dieu se mettant de nouveau en communion l'un avec l'autre. Tout ce que nous avons dit sur la nécessité d'un acte spécial de Dieu pour qu'il y ait communion entre lui et l'homme trouve ici une application particulière et donne une confirmation de plus à nos observations actuelles. — En outre, si le pécheur veut être réconcilié avec Dieu, il faut que son cœur soit touché par la bonté divine et transformé par la reconnaissance : c'est dire qu'il faut de la part du Père céleste un acte d'amour et de miséricorde dont le pécheur se sente l'objet direct et particulier. Pour nous, chrétiens, nous croyons que Dieu nous pardonne, en effet, par un acte spécial et personnel de sa grâce ; nous croyons qu'il nous donne, par sa parole et par son Esprit, l'assurance personnelle de ce pardon ; et ce ne sont point pour nous des manières enfantines de parler, un langage figuré ou des anthropomorphismes qu'il ne serait pas sage de prendre à la lettre : c'est le fond même de notre conscience chrétienne, et il y a là pour nous des réalités, des actes particuliers de Dieu dont nous nous savons à la fois les objets et les témoins, et qui ne sont point sortis nécessairement de l'ensemble des choses. Nous nous sentons pardonnés par la pure et libre grâce de Dieu et non par la nécessité universelle. Tel est le pardon qui satisfait et calme notre conscience, et tout ensemble touche notre cœur et le ravit de reconnaissance. Et quand nous pensons que pour fonder notre réconciliation, Dieu n'a pas épargné son Fils unique, mais l'a livré à la mort pour nous, qui pourra dire l'émotion de nos âmes? et qui pourra calculer l'effet sanctifiant de la foi en ce pardon surnaturel? Quel sentiment tragique du péché et de sa redoutable portée au pied de la croix de Jésus-Christ! Quelle expérience de la charité divine! Quelle reconnaissance et quels transports!.. Que l'on relise saint Paul pour ne nommer que lui, et l'on verra quelle est la puissance religieuse du vrai surnaturel!..

A la place de cette émouvante tragédie de la Croix, à la place de cette autre tragédie intime qui s'agite et se dénoue divinement dans la conscience, que mettent les adversaires du surnaturel qui, tout en le rejetant, prétendent être en mesure de procurer aux âmes l'assurance du pardon divin? Allons au fond. D'abord, rien ne se passe en Dieu, tout se passe en l'homme. Non-seulement ce trouble de la conscience, cette condamnation du péché, ce retour vers Dieu, mais encore ce retour de Dieu vers le pécheur, ce pardon et cette réconciliation, toutes ces agitations douloureuses et fécondes sont purement subjectives. L'homme seul s'émeut et change de dispositions. Rien de nouveau de la part de Dieu. Rien qui soit spécia-

lement, personnellement donné par lui au pécheur
repentant, et qui réponde particulièrement à ses an-
goisses, à ses supplications, à ses appels ; rien
qu'une loi générale que le pécheur s'applique à lui-
même. En dernière analyse, pas de pardon de Dieu
dans le sens réel du mot, dans le sens où la conscience
religieuse le réclame, mais simplement moi, qui me
déclare ou me sens pardonné !

Mais, objecte-t-on, vous ne comprenez pas réellement notre pensée. Cette loi générale, nous n'en
prenons conscience, nous ne nous l'appliquons que
sous l'action intérieure de Dieu. C'est son esprit qui
nous enveloppe, nous pénètre, nous fait comprendre
et sentir que Dieu est amour, de même que c'est son
Esprit qui nous donne le sentiment et la haine du
péché. — Ne dirait-on pas que c'est un saint Augustin
qui parle; et la conscience chrétienne la plus avancée
et la plus exigeante ne serait-elle pas satisfaite de ce
beau langage ! Mais, qu'on le reconnaisse aussi, elle
l'entend dans un tout autre sens; c'est pour elle le
surnaturel même, tandis que pour nos théistes, c'est
pure nature !

En effet, rappelons-nous qu'ils ne veulent point
admettre une action de Dieu qui serait autre chose
que celle des forces et des lois de la nature. D'où il
suit que ce qu'il appelle ici action de Dieu n'est au
fond que l'action de l'homme. Sans doute, c'est
l'essence même du sentiment religieux de voir partout
l'action divine; mais dans ce système, si la créature
a quelque réalité, le sentiment qui attribue le travail

de l'homme à l'activité divine est tout à fait subjectif, et rien d'objectif n'y correspond. C'est donc bien moi, après tout, qui me déclare et me sens pardonné, qui me pardonne à moi-même.

Cette conclusion ressort avec éclat de la définition que l'on nous donne et qu'on est contraint de nous donner du pardon : le sentiment que l'on est rentré dans l'ordre. Remarquez en passant, un fois de plus, ces abstractions mises partout à la place des personnes : « rentré dans l'ordre. » La conscience et l'Evangile disent : « réconcilié avec Dieu. » Là, philosophie ; ici, religion : c'est toute la différence, et elle est grande. — Ce sentiment, que je suis rentré dans l'ordre, qui me le donne ? Ma conscience. C'est moi qui estime que je suis rentré dans l'ordre et qui conclus de là que je n'ai pas besoin de pardon, ou que si j'ai cru en avoir besoin, je suis à présent pardonné. Il n'y a point là un acte de la grâce de Dieu : il y a simplement un jugement favorable porté par le pécheur sur lui-même, l'appropriation faite par lui à son profit du bénéfice d'une loi générale... Quand nous disions que c'est le pécheur qui se pardonne à lui-même ! Et l'on veut nous donner ce travestissement comme la religion la plus raffinée et la plus spirituelle ? Et comment ne voit-on pas que c'est le renversement même de la religion, la contradiction la plus directe qui puisse être faite au sentiment religieux !

Que n'y aurait-il pas à dire encore sur cette condition du pardon ! rentré dans l'ordre ! au fond, la sanctification précédant le pardon ; que dis-je ? le pardon n'étant pas autre chose que le sentiment de notre sanctification. Où est donc cette grande doctrine de la justification par la foi que l'on prétend comprendre et conserver mieux que les chrétiens traditionnels, et qui est le caractère propre de notre Eglise protestante, de l'Evangile, on peut dire de la religion bien comprise ? — Puisque c'est ma sanctification qui fait ma paix, c'est encore bien moi qui me pardonne. Quand serai-je assez sanctifié pour me croire rentré dans l'ordre ? c'est encore moi qui le déciderai. Ne prenez-vous point garde d'ailleurs au cercle vicieux ? Il faut se sentir pardonné pour se sanctifier, et il faut être sanctifié, selon vous, pour se sentir pardonné... Et pourquoi toutes ces périlleuses aventures ? Vous l'avez vu, Messieurs : pour échapper au surnaturel !... Quelle preuve, je ne dis pas de son utilité, mais de sa nécessité !

Ce que nous venons de dire nous amène sans transition à la régénération.

La régénération ! Encore un exemple de l'emploi de ces vieux mots religieux dans des systèmes qui en contredisent tout le sens. Il est évident que l'on ne peut parler de régénération qu'à propos d'un être dégénéré ; or, nos théistes ne reconnaissent pas que l'homme soit déchu ; ils n'admettent en lui qu'un développement normal qui, de la chair, son commencement infime et nécessaire, l'élève à l'esprit, son terme idéal, non moins nécessaire. Dès lors, on ne voit pas trop de quel usage est le mot de régénération, qui indique justement le contraire de ce point de vue. En effet, une régénération c'est un *recommencement*, si le mot est permis, dans la vie du pécheur. C'est une rupture du développement antérieur et l'entrée dans un développement nouveau, c'est une conversion, et comme dit Jésus-Christ, une *renaissance*. Or, d'après nos théistes, il n'y a jamais en l'homme qu'un développement à poursuivre, et il ne peut être question que de continuer ce qui a été commencé, du moment que l'homme a existé et ne cesse du reste de se continuer tant qu'il vit. La nature humaine n'est pas corrompue : elle est dans un état normal ; elle est ce qu'elle doit être à cette phase de son développement où elle se trouve ; il ne lui reste qu'à achever son évolution, qu'à s'épanouir.

Quand l'œuvre à opérer est si différente, les moyens d'action ne peuvent être les mêmes. Pour nous, la régénération est une œuvre surnaturelle par excellence, puisqu'elle rompt l'enchaînement du péché et enfante une nouvelle créature. L'action de Dieu ne saurait donc être ici assimilée à celle des forces naturelles, qui, étant faussées, vont d'elles-mêmes au péché ; il faut que ce soit une action autre et supérieure, une action spéciale, et qui dit régénération dit donc surnaturel. Pour les adversaires du surnaturel, l'œuvre étant simplement un développement de ce qui est, il n'y faut pas d'autre influence que cette action universelle de Dieu qui s'exerce dans la nature entière ; la même force qui fait monter la séve dans les veines de la plante, et ramène les fleurs du printemps et les fruits de l'été sur l'arbre dépouillé et comme mort de l'hiver, transforme graduellement l'homme charnel en homme spirituel : toujours ce même point de vue naturaliste et panthéistique qui est la marque sans cesse reparaissante de cet étonnant théisme ! Toujours aussi cette conception si peu religieuse d'un développement de l'homme par lui-même. Je dis par lui-même, car nous savons ce qu'il faut entendre par l'action intérieure de Dieu dans la bouche des adversaires du surnaturel.

Qu'en résulte-t-il ? — Le propre de toute âme vraiment religieuse c'est d'attribuer non à elle-même mais à Dieu ses progrès et ses victoires. N'admettons qu'une action de Dieu identique et égale à celle de la nature, il s'ensuit que toute l'œuvre de la régénération s'opère en définitive par les seules forces de l'homme. — Je ne dirai pas, si l'on veut, que l'homme s'admirera lui-même dans ces victoires dont il est le héros, puisque, après tout, c'est le mouvement des lois générales qui a fait arriver ces progrès spirituels, et qu'il n'y a pas de victoire où il n'y a pas de combattant, à moins qu'on ne veuille parler un langage figuré, comme lorsqu'on représente le soleil vainqueur des nuages. Mais je demande ce qu'il y a de religieux dans une pareille conception, et si l'homme adorera cette nécessité universelle qui le transforme et le spiritualise ?

Considérons l'homme aux prises avec la tentation.

S'il est un besoin impérieux en nous, c'est celui du secours d'en haut, car quelle expérience plus fréquente que celle de notre impuissance dans les luttes de la sanctification? Le pécheur faible et chancelant aura-t-il à espérer l'aide de Dieu, ou sera-t-il laissé à sa nature et aux forces, c'est-à-dire aux faiblesses qui sont en elles? Si vous répondez : il aura un secours; c'est du surnaturel, à moins que nous n'entendions pas notre langue. Si vous répondez : non, sa nature, telle que Dieu l'a faite, est suffisante, c'est l'antisurnaturel, mais, convenez-en, c'est aussi l'antireligieux. Car, qu'est-ce qu'une religion qui n'apporte pas à l'homme une force divine pour le bien, un secours en ses détresses? C'est là ce que l'homme attend d'elle, c'est-à-dire de Dieu. Car si Dieu est vraiment infiniment sage et bon, abandonnera-t-il sa créature, son enfant, dans sa faiblesse et dans ses périls, par la raison qu'il a tout bien ordonné dans le meilleur des mondes possibles? Le cœur proteste contre une pareille supposition, et, une fois de plus, le surnaturel est réclamé par la conscience religieuse.

Ceci nous conduit à la question capitale en ce domaine : à la prière.

Sans prière, point de religion. Cela est accordé par tout le monde. Aussi, nos théistes, qui veulent maintenir la religion, font-ils d'énergiques efforts pour établir que la prière subsiste malgré la négation du surnaturel. Or, rien n'est plus évident à mes yeux que la vanité de cette prétention et l'inutilité de ces efforts; à ce point que je ne suis pas sans un réel embarras au moment d'en fournir la preuve. Du moins, l'illustre vicaire savoyard entendait mieux sa propre pensée quand il déclarait qu'il ne priait pas.

Quel est le caractère constant de la prière ? Ouvrez les catéchismes de toutes les Eglises ; considérez la pratique de toutes les religions, consultez les dictionnaires de toutes les langues, partout vous trouverez, comme trait essentiel et caractéristique de la prière, la demande : prier, chez tous les peuples, c'est demander. La langue de la conscience religieuse ne fait pas exception à ce fait universel ; au contraire, c'est pour elle surtout que ce mot sacré de prière a ce sens déterminé. Sans doute, toute prière renfermera de l'adoration, de l'action de grâces, de la soumission, de l'humiliation ; les sentiments multiples de l'âme religieuse en présence de son Dieu s'expriment à des degrés divers dans l'acte religieux par excellence ; mais tout cela ne devient prière, dans le sens réel du mot, que s'il y a demande.

Du reste, considérons les choses en elle-mêmes. Qu'est-ce que la religion ? Nous l'avons vu : c'est l'union personnelle de Dieu et de l'homme. Deux êtres ne peuvent être ensemble unis sans communications réciproques, d'autant plus fréquentes et d'autant plus intimes que l'amour est plus profond et plus vif. Mais, le fait que l'une des parties de cette alliance c'est Dieu, et que l'autre c'est une créature, un pauvre pécheur, marque d'avance cet échange d'amour d'un caractère particulier : de la part de

Dieu, protection, miséricorde, secours, délivrance; de la part de l'homme, demande et actions de grâces. L'âme pieuse épanche dans le sein de son Père céleste les émotions qui l'agitent : l'adoration, la reconnaissance, l'acceptation, sans doute; mais autre chose aussi, autre chose surtout. Plus l'homme est religieux, plus aussi il sent sa faiblesse, plus il reconnaît ce qui lui manque, plus il souffre d'être si peu digne du Dieu auquel il parle, encore si peu étroitement uni à lui, si mal soumis à sa volonté sainte. En outre, il est placé dans un monde de luttes ; il se trouve au milieu de mille difficultés, plus d'une fois en proie à d'angoissantes perplexités, et ne sachant où trouver sa voie; menacé dans sa santé, dans sa fortune, dans ses bien-aimés, dans ses convictions, dans tout ce qu'il a et dans tout ce qu'il est ; plus que menacé, souvent frappé, cruellement frappé. Comment, lorsqu'il s'approche de son Père qui est aux cieux, tairait-il ce qui remplit son cœur et le trouble ? Comment ne verserait-il pas à ses pieds toutes ses inquiétudes et toutes ses craintes ? Comment n'exprimerait-il pas les vœux ardents de son âme ? Quand on aime et qu'on se sent aimé, on ouvre son cœur et on le répand dans le cœur de celui qu'on aime, parce que l'on compte sur sa sympathie; et quand on est aimé du Tout-Puissant, qu'on se sent uni à lui par un lien particulier et personnel, qu'on a la confiance de l'appeler son Père, on fait plus qu'exposer ses misères par un besoin d'épanchement, on les expose pour en obtenir le soulagement efficace.

C'est, du reste, une manière d'honorer Dieu que de le croire assez bon et assez puissant pour nous secourir. Il est impossible qu'il en soit autrement : jamais vous n'obtiendrez de la nature humaine qu'un époux priant Dieu ne lui *demande* de lui conserver celle qui fait la force, la consolation et la joie de sa vie, et que menace l'implacable main de la mort ; qu'un père, priant Dieu, ne lui *demande* d'arracher son fils aux tentations qui l'entraînent vers l'abîme ; qu'un pécheur enfin, priant Dieu, ne lui *demande* son pardon Vous et n'invoque son secours contre sa propre faiblesse. obtiendrez plutôt que l'homme ne prie pas ou ne croie pas en Dieu ; mais qu'il croie en Dieu, qu'il se sente aimé de lui, qu'il le prie — et qu'il n'implore pas son secours en tous ses besoins, — encore une fois, cela est impossible !

M. Nicolas voit dans le sentiment de notre faiblesse le fond de la religion. « Sous le coup des peines physiques et morales que nous sommes impuissants à conjurer, nous sentons le besoin d'un protecteur, d'un aide ; je dirais volontiers d'un Sauveur, si vous voulez bien détacher ce mot de son sens théologique et le prendre dans son acception la plus générale. » J'aurais bien quelques réserves à faire sur cette explication de la religion, qui ne me paraît ni assez complète, ni assez profonde, ni assez élevée. Mais, telle qu'elle est, elle renferme une part considérable de vérité, et je ne peux que souscrire aux paroles suivantes : « Or, il y a ici deux éléments d'une importance égale : c'est, d'abord, la croyance en un être qui ne se trouve pas comme nous dans ses conditions de dépendance et de faiblesse, je veux parler de Dieu; c'est ensuite la croyance qu'il peut nous secourir et qu'il le veut. Par conséquent, l'idée d'une intervention de la cause première dans les choses de ce monde, l'idée d'une action surnaturelle, indépendante et différente de l'action des causes secondes, est nécessairement impliquée dans la notion de religion. Quand cette idée tombe, la religion tombe aussi (1). » Jamais le savant critique n'a mieux vu.

Mettons à côté de ce témoignage celui de l'auteur même de l'*Avenir du théisme chrétien*. M. Pécaut dit, avec plus de raison qu'il ne pense : « Le sentiment religieux, fidèle écho de la nature humaine, plus rapide, plus complet dans ses intuitions que la raison dialectique, les fait éclater dès qu'il se réveille. Il réclame un Dieu que l'on aime et dont on soit aimé, à qui l'on parle et qui nous répond. Voilà la religion, voilà l'homme, voilà la vérité! »

Oui, le sentiment religieux réclame un Dieu à qui l'on parle et qui vous répond, à qui l'on demande et qui donne. C'est ainsi que la prière a été comprise par les âmes religieuses, qui ne cherchent point la dialectique, mais qui cherchent Dieu. C'est ainsi que l'a comprise Jésus-Christ, le plus grand et le plus pur génie religieux que l'humanité ait enfanté (je parle le langage de nos théistes), celui qui a inauguré dans le monde la conception vraiment spiritualiste de la

(1) Seconde lettre à M. Neftzer (*Le Temps*, juillet 1865).

religion. « Vous donc, quand vous prierez, priez ainsi ; » et il a donné pour modèle de prière cette Oraison dominicale où se trouvent des demandes expresses que toute l'habileté et tout l'arbitraire du monde ne réussiront pas à transformer en actes de pure soumission. De plus, il a dit : « demandez et l'on vous donnera ; » on connaît le reste. Les théologiens et les philosophes sont capables, quand ils le veulent, des tours de force les plus impossibles, en fait d'interprétation ou de dialectique. Nul n'en doute. Toutefois on peut les défier d'ôter de là ce mot « demandez, » et cet autre : « et l'on vous donnera. »

Oui, le cri naturel de l'âme angoissée, c'est de crier au secours en regardant le ciel.

Or, il n'est pas besoin de beaucoup de paroles pour prouver que la prière, ainsi comprise, n'est possible qu'avec la foi au surnaturel. M. Nicolas vient de nous le montrer clairement. Dieu répondant à une prière, c'est du surnaturel. Si je fais à Dieu une demande, une prière, c'est que je crois que Dieu est au-dessus de la connexion des causes et des effets ; qu'il peut diriger, influencer, activer, ralentir, neutraliser les forces de la nature ; qu'il peut agir sur les cœurs et sur les volontés ; qu'il peut faire dans la nature, dans l'histoire, dans ma propre vie, ce que ne produiraient point les forces qui y agissent déjà. En d'autres termes, je crois au surnaturel. Si je ne crois pas cette action possible, ma bouche et mon cœur sont fermés ; je ne prie plus, c'est-à-dire que je n'entretiens plus de rapports avec Dieu ; je n'ai plus de religion.

Nos modernes théistes, ne voulant pas de surnaturel, n'hésitent pas à condamner la prière qui demande ; mais ils soutiennent qu'ils n'en conservent pas moins la prière. Encore un exemple de cet amour des mots religieux qu'on a dépouillés de leur contenu. Il me semble qu'il serait bon pourtant d'éviter les méprises autant qu'il est possible, et de ne pas employer des expressions qui ont depuis longtemps un sens bien établi et ne peuvent manquer d'éveiller dans les esprits des idées tout autres que celles que l'on veut exprimer. On vous accuse de ne pas croire à la prière. Vous criez à la calomnie, et vous soutenez que vous croyez à la prière. Le fait est que vous la niez dans le sens où l'on vous reproche de la nier, et vous la conservez dans un sens qui n'est pas le sens ordinaire. Puisque pour vous la chose est autre, prenez un autre mot.

Mais, passons. Ce que l'on conserve sous le nom de prière, c'est l'adoration, c'est la soumission ou l'acquiescement, ce n'est pas la demande. Le théiste contemplera la magnificence, la puissance, la sagesse, la bonté de Dieu et les louera ; il chantera des hymnes en l'honneur de l'Etre tout-puissant, infiniment sage et infiniment bon ; il rendra grâces pour l'ordre universel qu'a institué sa charité infinie ; il se soumettra à tout, — il ne demandera jamais rien.

Pour qui donc est faite cette religion ? Pour des êtres trop forts pour avoir des besoins, ou trop fiers pour vouloir rien demander ? Je me souviens involontairement de Proudhon enfant, se relevant brusquement de la prière et s'écriant en remettant son bonnet sur sa tête : « je ne veux point de grâce, moi! » Mais, ce stoïcisme altier est-il bien fait pour la nature humaine? En tout cas, et c'est là la question, est-il bien religieux ?

Sans doute, nous le répétons une fois de plus, l'adoration, la soumission font partie de la vie religieuse ; et quel est le chrétien qui n'en a senti la douceur et le bienfait? Il n'y a pas sur la terre de plus grand bonheur que celui d'adorer le Dieu qui est amour et de s'abandonner entre ses bras de père. Notre prière connaît aussi l'adoration, et la connaîtra, nous l'espérons, tous les jours davantage. Elle connaît aussi la soumission, oserai-je le dire, et le pourrai-je sans paraître excessif? Notre soumission, à nous qui croyons au pouvoir de la prière, est peut-être plus difficile, mais elle a du moins quelque chose de plus moral, de plus religieux, qu'une soumission forcée : elle est libre, et c'est tout dire. Telle n'est point celle des adversaires du surnaturel, et je les admire de la donner comme l'idéal de la piété. Qu'est-ce en vérité que se soumettre quand on est persuadé qu'on n'a pas autre chose à faire, et quel grand mérite à ne pas demander ce que l'on croit impossible? Nous disons, nous, avec notre Sauveur et notre modèle : « O Père, s'il est possible, que cette coupe s'éloigne de moi; mais ta volonté et non la mienne ! » Mais, c'est en vain qu'ils voudraient s'approprier ce sublime langage, qui exprime tout autre chose que leur pensée réelle. « Je ne demande pas que cette coupe s'éloigne de moi, puisque cela n'est pas possible ; que ta volonté se fasse, puisque après tout la mienne ne saurait se faire. Encore un coup , quelle est la valeur morale et religieuse d'une soumission partant de ce principe : que rien, absolument rien, ne peut être changé au cours des choses ?

D'ailleurs , s'il est des misères auxquelles nous pouvons nous soumettre, il en est vis-à-vis desquelles la soumission serait un crime. Je veux parler du péché et de sa puissance. Si l'on peut, en face des souffrances du corps ou du cœur, nous recommander l'acceptation confiante et résignée, on ne saurait avoir la pensée de nous adresser le même conseil à propos du péché. Dans le sentiment de nos fautes et de notre corruption, quelle sera notre prière devant Dieu ? Que dira-t-elle à Dieu ? demandera-t-elle quelque chose ou ne demandera-t-elle rien ? M. Bost répond, en répétant ce que beaucoup avaient dit avant lui : la prière est le mouvement de l'âme qui se met en position pour recevoir les grâces spirituelles. Tout le monde accorde que l'état subjectif de celui qui prie est la meilleure préparation pour s'assimiler les dons divins qu'il sollicite, et que, dans la prière, l'âme s'ouvre pour recevoir. Mais, comment s'ouvre-t-elle ? en demandant. Et pourquoi demande-t-elle ? c'est parce qu'elle croit que l'on peut demander et obtenir. Donc, à votre point de vue, l'âme se prépare aux bénédictions d'en haut par une illusion ; une erreur est utile, est indispensable pour que les grâces spirituelles nous trouvent en position de les recevoir, et Dieu, dans son infinie sagesse, a jugé qu'il ne pouvait sauver l'homme qu'en le trompant ; l'illusion a été mise par lui dans le monde comme un élément nécessaire de l'ordre universel qui doit amener le triomphe du bien !

De son côté, M. Pécaut (car il est instructif de recueillir sur ce point capital les réponses les plus autorisées), M. Pécaut écrit : « Prier ainsi : ô Père, veuille nous aider à triompher du mal, » c'est dire : « ô Dieu, nous voulons de tout notre cœur employer à vaincre le mal qui nous sépare de toi, les moyens que ta Providence met à notre portée (1). » Voilà qui est étrange ! Dire, ô Dieu, veuille, c'est simplement dire : ô Dieu, nous voulons. Qui se serait douté de la chose? La prière ne fait donc qu'exposer à Dieu les saintes résolutions de l'homme ; à quoi bon cette exposition à Dieu qui sait toutes choses? D'ailleurs, pourquoi cette exposition sous forme de prière ? serait-ce que vous voulez vous exciter vous-mêmes en vous disant à vous-mêmes vos meilleurs désirs? Mais, pourquoi exhorter Dieu quand il ne s'agit au fond que de vous exhorter vous-mêmes ? Pourquoi tromper les autres, et se tromper soi-même par ces formes irrationelles? Encore un coup, l'illusion est-elle un élément nécessaire de la vérité? Enfin, le bon sens, la droiture s'étonnent : pourquoi des demandes quand on ne veut rien demander?

Pourquoi? c'est que la prière est impossible sans

(1) Page 102, *Avenir du théisme chrétien.*

demande, et ceux-là qui soutiennent dans leurs livres et dans leurs discours qu'on ne doit rien demander à Dieu, contraints et entraînés par leur cœur, ne peuvent eux-mêmes prier sans demander. Je ne saurais dire tout l'étonnement que l'on a éprouvé à entendre tel des bruyants prédicateurs de ce théisme chrétien adresser au Père céleste des demandes positives comme aurait pu faire un chrétien traditionnel ; et je n'ai pu me défendre tout à fait de sourire au milieu de mon respect, quand j'ai lu, à la fin de l'*Avenir du théisme chrétien*, cette belle oraison de M. Pécaut :

« Et toi, Dieu de vérité et d'amour, Dieu des pro-
» phètes et de Jésus, Dieu de Socrate et de Leibnitz,
» Dieu de saint Bernard et de Gerson, Dieu de Co-
» ligny et de Duplessis-Mornay, Dieu de tous les
» hommes au cœur droit, nous t'invoquons ! Fais
» resplendir à nos yeux la vérité qui sauve, qui
» sanctifie, qui rend heureux ! Crée-nous une nou-
» velle Eglise ! Rends-nous dignes de travailler à la
» fonder ! Dévoile-nous le vrai et le juste, etc. »

Hé quoi ! cette belle prière ne serait qu'une forme de rhétorique pour exprimer l'énergique résolution de l'auteur, de saisir, partout où il les verra, le vrai et le juste, et de travailler à fonder l'Eglise de l'avenir ? Non, votre âme élevée et droite proteste ; ce n'est pas de la rhétorique, c'est tout votre cœur qui parle à Dieu et qui prie. Rejetez donc un système qui vous contraint à poser l'illusion ou la rhétorique à la base de la vie religieuse !

Quoi qu'il en soit, il est constant que dans la

prière, comme dans le reste de la vie religieuse d'ailleurs, telle que la conçoivent les adversaires du surnaturel, l'homme est seul à se mouvoir, seul à agir, seul à parler. C'est un perpétuel monologue. Ou bien, c'est Dieu seul qui agit — et le résultat est dans tous les cas le même : c'est ce qu'il y a de moins religieux.

Cette théorie de la prière détruirait la prière s'il était possible qu'elle ne germât pas toujours sur le sol des cœurs brisés. Si ces idées devenaient populaires, je ne sais pas même si l'adoration resterait aux âmes. Comment adorer un Dieu personnel, sage et bon quand on n'a devant soi que le cours nécessaire et aveugle des choses? On finira bientôt par ne plus adresser la parole à un Dieu qui ne répond jamais. On se fatigue, à la fin, d'être seul à parler. Un monologue ne peut être éternel. Le silence se fera dans le sanctuaire de l'âme humaine ; elle ressemblera à ces vieux temples que le voyageur rencontre parmi les ruines des anciennes cités ; les saintes murailles sont encore debout ; l'autel est là, encore prêt ; mais la divinité est absente et les adorateurs ne viennent plus ici ; les prières ont cessé ; la solitude et le silence seuls y règnent.

Plus d'une fois, dans le cours de cette démonstration, j'ai été sur le point de rencontrer une objection dédaigneuse, souvent adressée aux partisans du surnaturel. Je l'ai toujours évitée pour ne pas embarrasser ma marche et pour conserver à mon point de vue son vrai caractère. C'est à présent le moment de la regarder en face et de dire en deux mots ce que j'en pense. On nous reproche à tout propos de ne réclamer le surnaturel que par un besoin grossier de voir attester la vérité par des faits extérieurs ; c'est manquer, nous dit-on, de foi en la vérité qui se démontre en se montrant, et de respect pour l'âme humaine qui n'est pas à ce point destituée du vrai qu'elle ne puisse le recevoir que du dehors, comme un élément étranger et hétérogène.

D'abord, il n'est pas vrai que nous ne soutenions le surnaturel que pour garantir une vérité sans rapport nécessaire avec lui. Toute la démonstration que je viens de donner prouve suffisamment que, pour nous, le surnaturel n'est pas une preuve de la religion, mais est la substance même de la religion.

Ensuite, ce besoin d'attestation, que l'on trouve si grossier, est pourtant, qu'on y prenne garde, un des éléments essentiels du sentiment religieux. La piété ne se nourrit pas de conjectures hasardées, de pressentiments incertains, ou de raisonnements bientôt oubliés : il lui faut des certitudes qu'elle ne discute pas, qu'elle ne crée pás, qu'elle accepte, qu'elle croit. Son besoin, comme sa sécurité, c'est de s'appuyer sur Dieu. En rejetant toute action surnaturelle, vous livrez l'homme à lui-même; ce qu'il peut découvrir ou supposer, espérer ou démontrer, c'est tout ce qu'il est capable de croire. Il n'y a désormais pas d'autre révélateur que l'homme, et chacun pour soi-même. Je dis que cela est fort peu religieux. Sans parler de toutes les obscurités et de toutes les incertitudes d'une foi qui ne se fonde que sur la raison ou la conscience humaine, il reste que l'unique point d'appui de l'homme est en lui-même, ce qui est l'antithèse de la religion, et en même temps la radicale faiblesse.

Oui, l'homme a besoin, non pour sa philosophie ou sa science, mais pour sa vie religieuse, de certitudes divines. Ce que Dieu est et veut, ce que Dieu fait pour lui, comment Dieu lui pardonne, l'avenir que Dieu lui réserve au delà de la tombe, quelles conditions il a lui-même à remplir; sur tous ces points, l'homme a besoin de la réponse de Dieu, ne dût-elle souvent que confirmer ses propres aspirations.

Sans surnaturel, la religion cesse d'être une foi; elle devient une conjecture plus ou moins glorieuse, ou une philosophie plus ou moins froide et vacillante, c'est-à-dire qu'elle n'est plus.

Ainsi, Messieurs, que nous ayons considéré la religion en elle-même dans son principe premier, dans son essence, ou les croyances fondamentales, élémentaires qu'elle postule et que prétend conserver le théisme, ou les besoins intimes et constants des âmes; partout nous avons reconnu que la négation du surnaturel était la négation du sentiment religieux et entraînait dans le domaine spirituel la ruine et la mort; partout nous avons trouvé le surnaturel nécessaire, nécessaire pour qu'il y ait union réelle de l'homme et de Dieu; — nécessaire, pour qu'il y ait foi vivante et effective en la personnalité de Dieu, en l'amour de Dieu, en la liberté et en l'immortalité de l'homme; nécessaire, pour que le pécheur se sente pardonné; nécessaire, pour qu'il se sanctifie; nécessaire, pour qu'il puisse prier, — c'est-à-dire que le surnaturel est l'élément essentiel de la religion. S'il tombe, elle tombe avec lui.

Nous n'avons parlé de la religion qu'en général. Nos conclusions seraient encore plus fortes si nous avions eu à traiter la question plus particulière des rapports du surnaturel avec le christianisme. Car, qu'est-ce, d'après les apôtres et d'après Jésus-Christ lui-même, que le christianisme? Ce n'est pas, comme on voudrait le faire entendre, la simple proclamation de ces deux préceptes déjà connus depuis bien des siècles : « Tu aimeras le Seigneur ton Dieu de tout ton cœur, etc., et ton prochain comme toi-même. » Si c'était là tout l'Evangile, le surnaturel serait encore nécessaire pour mettre en nous cet amour de Dieu et des hommes que nous n'avons réellement pas. Mais enfin on oublie que Jésus-Christ a dit lui-même en les rappelant, que ces deux préceptes sont la loi et les prophètes : ils ne sont donc pas l'Evangile.

Qu'est-ce que l'Evangile? C'est la bonne nouvelle que Dieu a tant aimé le monde, qu'il a donné son Fils unique au monde, afin que quiconque croirait en lui ne pérît point, mais qu'il eût la vie éternelle. Le christianisme est un acte de Dieu pour sauver l'homme; dès lors, que vient-on dire que le surnaturel y est indifférent? ne voit-on pas qu'il en forme, au contraire, le caractère essentiel, constitutif? Y a-t-il, oui ou non, un acte de Dieu pour nous sauver? nous a-t-il donné, oui ou non, son Fils? Ce ne sont point là des questions indifférentes que l'on puisse aisément négliger : c'est la question même; et l'on ne saurait ici en poser de plus grande. Que l'on prenne les diverses parties du christianisme, et l'on verra que pour chacune d'elles le surnaturel est le premier caractère. La personne de Jésus-Christ, qu'est-elle? le fruit naturel du développement de l'humanité ou un don spécial de Dieu? Son œuvre, qu'est-elle? un simple exposé des idées les plus hautes de la conscience humaine ou la fondation divine du royaume de Dieu? Sa mort, qu'est-elle? un martyre ou une expiation? Sa résurrection, qu'est-elle? une hallucination des disciples ou une victoire du Rédempteur, gage de la victoire de ses rachetés? Ce sont là questions capitales et non point accessoires. De leur solution dépend, je ne dis pas cette religion naturelle qu'on décore du nom de christianisme, mais le christianisme réel, le christianisme de Jésus-Christ et des apôtres, de l'Eglise et des saints.

On me reprochera peut-être de m'être volontairement tenu à une hauteur où les sérieuses difficultés échappent aisément au regard, et d'avoir rendu ma tâche trop facile en ne parlant jamais que du surnaturel. Il fallait laisser, me dira-t-on, ce grand mot un peu obscur, au sens indéterminé, tellement équivoque que tel de vos adversaires, M. Pécaut lui-même,

écrit en tout autant de termes « le théisme se garde
de détruire le surnaturel, » et envisager ce qu'on appelle proprement miracle. Vous auriez eu, sans doute,
plus de peine à nous montrer comment le miracle
peut avoir quelque rapport avec la vie religieuse.

Voici ce que je réponds. D'abord, j'ai déterminé
le sens dans lequel j'entendais le mot de surnaturel,
qui n'est pas après tout si obscur par lui-même, et
je certifie que le théisme détruit ce surnaturel-là tel
que je l'ai défini. Ensuite, ma définition du surnaturel comprend en elle ce qu'on appelle vulgairement
miracle, car, si nous allons au fond, qu'èst-ce qu'un
miracle ? pas autre chose qu'un fait surnaturel. A ce
compte, les témoignages que Dieu se rend à lui-
même dans nos âmes, l'assurance du pardon qu'il
nous donne, les forces qu'il nous inspire pour faire
le bien, les réponses qu'il accorde à nos prières étant
des faits surnaturels sont donc aussi des miracles ?
Je renonce, en effet, à voir une différence fondamen-
tale, essentielle, entre les actes de Dieu dans l'intérieur de nos âmes et ce qu'on appelle un miracle.
Ces dons spirituels de Dieu ont, avec la résurrection
d'un mort, par exemple, un caractère commun qui
est en même temps l'essentiel, à savoir, qu'ils sont,
comme elle, produits par une action spéciale de Dieu.

Toutefois, je reconnais que l'usage réserve le nom
de miracle pour des faits autres que ceux de la vie
spirituelle ; mais quand je cherche à caractériser ces
faits surnaturels particuliers, j'ai de la peine à mar-
quer une différence nette et ferme. Le miracle se-

rait-il le surnaturel dans la nature matérielle? Un lépreux nettoyé, une tempête apaisée, l'eau changée en vin, un mort ressuscité, etc., rentreraient dans cette catégorie. Quoiqu'il y eût beaucoup à dire sur cette définition et qu'il fût possible de trouver des faits appelés miracles qu'elle ne comprend point, acceptons-la pour plus de clarté. C'est, du reste, le sens le plus ordinaire du mot miracle, c'est, en particulier, celui qui paraît présenter le plus de difficulté à notre thèse.

On estime, en effet, que le miracle, s'il se réalisait, donnerait de Dieu une idée indigne. C'est là le reproche général et fondamental qu'on lui adresse sur le terrain religieux, qui est le seul où nous devions nous placer aujourd'hui.

D'abord, le miracle révélerait une divinité arbitraire et capricieuse dans ses dispensations. Au lieu d'un Dieu qui agit toujours identiquement, et dont l'éternelle bonté ne subit aucune variation, sur lequel, par conséquent, l'homme peut compter, nous aurions un Dieu qui change et varie, dont les desseins ne se suivent pas, qui peut, par ses brusques résolutions, bouleverser son propre ouvrage. Toute assurance serait enlevée à l'âme religieuse qui a besoin de s'appuyer sur un Dieu immuable. La foi, par conséquent la piété, serait impossible, car, comment se confier en un Dieu arbitraire et changeant?

Voilà, Messieurs, une de ces vieilles redites dont justice a été souvent faite, et que l'on voit avec étonnement sans cesse reparaître dans la discussion. Mais qui donc a jamais représenté le miracle comme un acte arbitraire, si ce n'est ceux qui, pour lui faire son procès, commencent par le charger d'accusations imméritées ? Qui donc a soutenu que le caractère propre du miracle était de ne se rattacher à aucun motif, de n'avoir aucune raison d'être, aucun sens, aucun but ? Qui donc a prétendu que le miracle, pour être miracle, ne devait se proposer d'autres effets que de montrer le pouvoir que Dieu a de faire ce que bon lui semble, et de bouleverser, quand cela lui agrée, l'ordre universel ? Nous n'avons jamais vu cette conception du miracle que chez ses adversaires, et certes, s'il n'était autre chose qu'un acte arbitraire, nous le rejetterions avec eux. Mais nous, ses partisans, nous voyons avant tout dans le miracle l'acte d'un Dieu qui est amour et qui agit par amour. Tandis qu'il se présente à nos yeux comme une dérogation aux lois de la nature, le miracle se rattache en réalité au plan divin du salut des hommes ; apparente violation de l'ordre, il est, dans le fond, une révélation d'un ordre supérieur, un triomphe de l'ordre de l'Esprit sur celui de la matière, et ce triomphe est dans l'ordre, et c'est la sagesse infinie qui l'accomplit à son heure et à sa place. Si le miracle prouve quelque chose, ce n'est pas la mobilité des desseins de Dieu, c'est la constance et la fidélité de son amour. Comment l'âme religieuse serait-elle ébranlée dans la sécurité de sa foi, en voyant un Dieu qui ne craint pas d'ébranler le ciel et la terre pour la sauver ?

Mais alors, objecte-t-on, le miracle accuse tout au

moins l'amour divin d'imprévoyance ou d'inhabileté ; Dieu n'a donc pas su disposer le monde, en le créant, de manière que l'ensemble et le cours naturel des choses nous conduisissent dans la voie du bien ; l'œuvre est si mal réussie qu'il faut que l'Ouvrier divin la répare ou la complète, en y ajoutant de temps à autre quelque chose de nouveau. Quelle pauvre idée votre miracle ne nous donne-t-il pas de la sagesse et de la puissance de Dieu !

Ah ! bien plutôt, quelle pauvre idée vous avez, vous, prétendus spiritualistes du dix-neuvième siècle, de la vie morale et religieuse, de ce qui en constitue la dignité suprême ? Toujours en vous cette inintelligence, dirai-je, ou cette peur de la liberté ! Toujours ce besoin de garantir la réalisation du bien par une nécessité invariable, irrésistible ! Il vous faut un arrangement des choses qui amène nécessairement, inévitablement, l'union des créatures avec Dieu, qui écarte absolument tout péril sérieux, toute chance d'égarement et de chute, et Dieu vous paraît plus grand s'il fait, en définitive, de l'homme un être de nature engagé dans l'enchaînement universel et inflexible des causes et des effets, plutôt qu'un être libre, auteur de sa destinée, pouvant se donner à Dieu ou pouvant se refuser à lui... Vous parlez d'imprévoyance ! Au contraire, Dieu a prévu ; il a, par avance, disposé le monde de manière qu'il y eût place pour une action nouvelle et particulière de sa part. Considéré à ce point de vue, qui est le vrai, le miracle n'est pas une accusation d'imprévoyance, il est, en vérité, un témoin de la souveraine prévoyance de l'amour divin qui, sachant les extrêmes périls que contenait virtuellement la liberté qu'elle pouvait créer, qu'elle a créés, a réservé en ce monde une place pour son intervention réparatrice. Que Dieu eût attendu l'établissement de son règne dans les âmes de l'exercice nécessaire des forces de la nature, qu'il eût enfin confié à la fatalité l'œuvre de la liberté et de l'esprit, voilà qui eût été, j'ose le dire, le comble de l'imprévoyance et de l'inhabileté.

Soit, répondra-t-on. Mais quoi de plus irréligieux que de nous enseigner à ne voir l'action de Dieu que dans quelques faits exceptionnels et à le croire absent du cours ordinaire des choses, à faire de l'anormal le caractère de l'action divine? Le propre du sentiment religieux n'est-il pas de voir et d'adorer Dieu partout? En nous donnant le miracle comme étant exclusivement l'acte de Dieu, vous ôtez Dieu de votre expérience journalière, car enfin votre vie ne se compose pas de miracles.

Je vous dois un aveu, Messieurs : j'ai lu souvent cette objection et je n'ai jamais réussi à la comprendre. Quoi ! parce que nous admettrons certains actes spéciaux de Dieu, nous nierons tout le reste de son activité? Quoi ! parce que nous croirons que Dieu se révèle à nous d'une manière particulière dans tels faits extraordinaires, nous en concluerons qu'il ne se révèle nulle part ailleurs? Parce que nous comprendrons le langage exprès des miracles, nous n'entendrons plus celui de la nature? En vérité, je ne puis

parvenir à le comprendre. Il m'avait toujours semblé
que la lumière qui jaillit pour moi du miracle éclai-
rait à mes yeux l'univers, et que, après avoir reçu
une marque frappante et certaine de la présence de
Dieu dans le monde et du soin qu'il prend de ses créatures, je croirais, plus fortement que jamais, qu'il est
partout et qu'il dirige tout. Oui, dans l'histoire, dans
la nature, dans les grands mouvements des peuples
et dans la destinée des individus, nous voyons Dieu
présent et agissant par sa providence, avec d'autant
plus de certitude que notre foi est soutenue par les témoignages incontestables que Dieu a donnés lui-même
de son action libre et personnelle et de son amour
pour ses enfants. Ainsi le métal, en perçant le sol, me
révèle la présence du filon précieux sous la terre.

Eh bien ! croyez au miracle si vous le voulez, si
vous le pouvez, nous disent quelques-uns, mais que
ce soit pour votre compte, et qu'il reste bien entendu
que d'autres peuvent se passer d'y croire sans être
pour cela moins religieux que vous. Pour nous, notre
piété n'a nul besoin du miracle; et comment pour-
rait-on soutenir qu'il lui est indispensable? Que de
difficultés préalables ne faut-il pas résoudre avant
d'y pouvoir croire? Le miracle est-il possible ou ne
l'est-il pas? Question de métaphysique. Y en a-t-il
eu ou n'y en a-t-il pas eu dans l'histoire? Question
de critique. Il faut beaucoup de savoir et beaucoup
de philosophie pour trancher ces problèmes ardus;
encore si l'on était sûr d'arriver là-dessus à la certitude entière?... Cela suffit pour nous assurer que le

miracle, exigeant tant de science, n'intéresse pas essentiellement la vie religieuse.

Ce qu'il y a d'étrange, c'est que ceux-là même qui tiennent ce langage n'hésitent pas à affirmer la personnalité de Dieu et l'immortalité de l'âme. Et cependant, quel problème ardu de métaphysique ces seules affirmations ne supposent-elles pas résolu ! précisément le même que le surnaturel, avec une grande complication de plus. Ce qu'il y a d'étrange, c'est qu'ils affirment hautement aussi la Providence dans l'histoire, et dans la nature, le progrès de l'humanité ; — et cependant, quelle connaissance de l'histoire et même des sciences naturelles ne suppose pas une pareille affirmation ! Que diraient-ils à ceux qui leur objecteraient : personnalité de Dieu, providence, action divine universelle, que dis-je, existence de Dieu ; immortalité, que dis-je encore, existence de l'âme, progrès général... Questions de métaphysique, de science, d'histoire, problèmes ardus diversement tranchés, éternellement obscurs... cela ne saurait être essentiel à la vie religieuse ? Ce serait exactement l'objection qu'eux-mêmes nous opposent. Ils nous répondront peut-être que le sentiment religieux affirme, de son autorité souveraine, ces postulats de toute religion ? Je le crois en partie et sauf explications ; mais je m'empare de cette réponse et je rappelle que j'ai prouvé que le sentiment religieux exige, réclame le surnaturel. J'ajoute que, en particulier, le surnaturel chrétien se rend témoignage à lui-même dans les âmes, et que s'il peut offrir aux savants des preuves historiques et externes suffisantes, il donne au croyant une démonstration d'esprit et de puissance qui se passe aisément de toute autre.

Ne parlons donc pas ici de questions ardues; elles n'existent que pour ceux qui ont le loisir de les soulever, et on les rencontre partout, jusque dans le théisme, surtout dans le théisme.

Mais on insiste. Quel rapport peut donc avoir un miracle avec la vie religieuse de l'âme? Le miracle n'est-il pas un fait externe, matériel, tandis que la foi, la piété, sont faits internes, spirituels? A mon tour, je demanderai : est-il raisonnable de mettre ainsi un abîme entre le dehors et le dedans, entre la matière et l'esprit, comme si ces deux sphères n'exerçaient aucune action l'une sur l'autre? N'est-ce pas justement le caractère spécifique de l'homme de n'être ni pur esprit ni pure matière, mais d'être âme et corps tout ensemble? Et peut-on concevoir le développement, non-seulement physique, mais moral, intellectuel, religieux de l'homme, en dehors de toute influence du monde extérieur? N'est-ce pas au contraire ce dernier qui éveille, provoque, excite les forces de l'esprit? Que dirait-on d'un philosophe qui refuserait à la parole toute influence sur l'intelligence humaine, sous prétexte que la parole est un fait du dehors, un fait matériel? Mais ceux-là même qui argumentent de la sorte avec tant d'assurance ne laissent pas de parler sans cesse du témoignage que le monde entier rend à l'amour de Dieu? Or, cette harmonie de la nature matérielle n'est-elle pas un fait externe, perçu par l'intermédiaire des sens? Nous avons tort d'insister, sans doute; il est trop évident que, tout extérieur qu'il puisse être, le miracle n'est pas pour cela dépouillé de toute influence sur l'âme humaine; rien n'empêche qu'il ne puisse exercer sur elle une action très-considérable.

Mais de quelle nature?

Un miracle quelconque s'opère sous nos yeux; quel effet produira-t-il sur nous? De l'étonnement. Voilà, en somme, l'impression que nous recevrons de ce fait extraordinaire. Mais qu'a de religieux l'étonnement? On a raison; le prodige en tant que prodige n'a en lui-même aucune valeur religieuse. Et qu'est-ce que la science retirerait d'un fait brut, dégagé de toutes les circonstances au milieu desquelles il s'est produit, séparé de la force qui l'a enfanté, détaché enfin de l'ordre général auquel il appartient? Rien, absolument rien. De même, assurément, la vie religieuse ne saurait trouver d'aliment dans un prodige isolé, tombant du ciel au milieu des hommes. Ce n'est point là le miracle dont nous prenons la défense. Le miracle, nous l'avons dit déjà et il est bon de le répéter, se rattache à un ordre supérieur; il fait partie d'un plan divin, il appartient à toute une activité de Dieu pour sauver l'homme. Pour le comprendre, il ne faut pas commencer par le séparer de tout ce qui lui donne un sens et une raison d'être.

Rappelons notre démonstration. Le surnaturel est nécessaire pour la vie religieuse de l'individu; mais l'individu ne peut pas croire au surnaturel s'il ne se montre à lui dans les faits et dans l'histoire. S'il en est réduit à n'en pas connaître d'autre que celui que Dieu opère dans son âme, il pourra aisément être tenté au doute, et se demandera bientôt s'il n'est pas la dupe d'une mystique illusion. D'ailleurs, l'individu n'est pas seul, l'espèce existe. Et si Dieu veut sauver l'humanité, ce sera en introduisant au sein de l'humanité des forces rédemptrices. Dès lors, une intervention visible de Dieu dans l'histoire est nécessaire pour qu'il y ait religion; et comment reconnaîtra-t-on le caractère surnaturel, c'est-à-dire divin de cette rédemption, si ce n'est par des faits surnaturels, par des miracles? Prétendrait-on qu'il suffira que la vérité religieuse soit proclamée pour que les consciences en reconnaissent la divinité et l'acceptent? Mais c'est supposer ces consciences religieuses assez éclairées pour n'avoir pas besoin de révélation. Si elles sont obscurcies, ne faudra-t-il pas que des actes visiblement divins autorisent la révélation et la fassent recevoir? Et si le salut est surtout rattaché à une personne, s'il est une communication de la vie qui est en elle, si le Révélateur se présente lui-même comme étant le chemin, la vérité, la vie, il sera lui-même, au sein de l'humanité déchue, le plus grand des miracles, et il est impossible que le surnaturel ne soit pas le caractère général de sa vie. Plus elle sera parfaitement humaine, plus elle réalisera la perfection de l'idéal de l'homme, plus aussi elle sera divine; et ce qu'il y aurait de plus inconcevable, c'est que les miracles en fussent absents.

Tous ceux qu'il accomplira ne seront pas seulement des actes merveilleux qui viendront se surajouter comme des preuves externes sans rapport avec la nature intime de son œuvre ou de sa personne ; ils seront, au contraire, l'expression extérieure et frappante de l'une et de l'autre, et, par là même, auront une haute valeur religieuse. C'est dans cet ensemble organique qu'il faut les contempler pour les comprendre. Que dire du procédé qui prendrait çà et là un miracle quelconque et s'écrierait : quelle valeur religieuse peut avoir ce prodige ? Un buisson brûle sur le mont Horeb sans se consumer, qu'y a-t-il de religieux dans ce fait extraordinaire ? Mais de ce buisson une voix s'élève : « Je suis le Dieu d'Abraham, d'Isaac et de Jacob ; j'ai pitié de mon peuple ; je suis celui qui suis et je t'envoie pour délivrer Israël que j'ai élu. » Nous voilà jetés au milieu de toute une histoire de Dieu agissant au sein de l'humanité pour fonder son royaume ; et qui pourra soutenir que ce miracle d'Horeb ne pouvait avoir aucune valeur religieuse pour Moïse ? — Un mort ressuscite, et, par supposition, voilà tout ce que j'en sais : ce fait extraordinaire s'imprimera dans ma mémoire en caractères ineffaçables ; il constituera pour ma pensée un problème inexpliqué contre lequel elle viendra souvent se heurter ; quant à ma vie religieuse, elle n'en sera nullement affectée. Mais, ce mort-ressuscité, c'est celui qui s'est donné pour le Messie annoncé par les prophètes, pour le Fils de Dieu, pour le Sauveur des hommes, qui a dit de lui-même : « Je suis le chemin, la vérité et la vie ; celui qui m'a vu a vu le Père. » Dès lors, cette résurrection m'apparaît sous un jour tout nouveau ; elle est le sceau de Dieu mis sur toute cette vie, sur toutes ces souffrances et sur tout enseignement. Dans ce vainqueur de la mort, je vois le vainqueur du péché, et sa victoire me garantit la mienne. Qui pourrait dire que cette résurrection n'a aucune valeur religieuse ?

Nous parlons de miracles attestant l'action spéciale de Dieu pour sauver l'homme ; mais, nous n'avons garde de prétendre que le miracle crée nécessairement la foi. Le seul auteur de la foi, c'est l'Esprit de Dieu, qui se sert de moyens, et le miracle est un de ces moyens. Ce n'est pas nous qui, contrairement à notre point de vue fondamental, soutiendrons que rien au monde produise nécessairement la foi religieuse dans l'âme humaine : ce serait, à nos yeux, nier l'essence même de la foi, qui, nous ne nous lassons point de le répéter, est liberté. Aussi bien, nous n'attribuons pas ce pouvoir à l'Esprit de Dieu même, ou pour parler plus exactement et plus respectueusement, le Saint-Esprit ne veut pas exercer cette violence sur nos âmes, car, son dessein comme son triomphe, ce n'est pas d'anéantir la personne humaine, c'est de l'affranchir et de la restaurer. S'il y a quelque part une révélation, nous affirmons d'avance qu'elle ne sera point sans miracles ; mais ces miracles se caractériseront par leur inévidence, si je puis ainsi parler. Ils laisseront toujours place à la liberté de la croyance, et la foi, devant eux, ne cessera pas d'avoir un caractère moral. A ceux qui le voudront absolument, il sera toujours possible de les récuser et de trouver des raisons pour n'y pas croire. Des pharisiens mêmes pourront dire d'un Jésus : « c'est par le prince des démons qu'il chasse les démons. »

J'accorde aussi sans hésitation que tels miracles peuvent avoir plus d'importance pour les contemporains que pour nous; que, nécessaires à une époque, ils ne le seraient point aujourd'hui. Je parlais tout à l'heure de la théophanie d'Horeb. Certes, je n'ai pas besoin de savoir que Jéhovah s'est miraculeusement révélé à Moïse sur cette sainte colline pour croire au Dieu un et vivant : c'est là aujourd'hui le fait de mon expérience journalière, la substance même de ma vie spirituelle.

Mais, cela ne veut pas dire que j'aie le droit de nier la réalité des miracles de ce genre. Parce que le but que Dieu s'est proposé en les opérant a été atteint, ce n'est pas une raison pour soutenir qu'il ne les a pas accomplis. Or, qu'on le remarque, c'est l'étrange et ingrat raisonnement que font aujourd'hui plus d'une fois les adversaires du surnaturel. Dieu est amour, s'écrient-ils; voilà ce que déclare la conscience humaine. Cependant la conscience humaine a proclamé le contraire durant des milliers d'années, et le proclame aujourd'hui même parmi des millions d'hommes. Et d'où vient que, dans notre chrétienté, le sentiment religieux ne peut accepter d'autre Dieu que celui qui aime? c'est que le surnaturel chrétien a passé là. Ce n'est pas tout : il est tels de ces miracles qui conservent pour les chrétiens de tous les temps une importance capitale. Ce sont ceux qui sont liés à l'essence même du christianisme, plus que cela, qui la constituent. Tels sont ceux qui concernent la personne et l'œuvre du Rédempteur : sa naissance miraculeuse, sa sainteté parfaite, sa mort expiatoire, sa résurrection sont de ce nombre : ils impliquent en eux la foi que nous avons en Jésus-Christ, ou, si l'on aime mieux, cette foi les implique. Les nier, c'est nier cette foi. Nous y tenons donc, non comme preuve extrinsèque, comme attestation extérieure, comme un *superadditum*, mais comme élément essentiel, constitutif de la foi. Si je ne les ai pas, je n'ai pas Jésus-Christ Rédempteur. Ils sont l'objet même de ma foi. — D'autre part, rejeter en bloc les miracles de la vie de Jésus et des apôtres, c'est ruiner le caractère historique des évangiles et des épîtres ; c'est mettre la légende et le mythe à la base des documents primitifs du christianisme, l'illusion et l'hallucination, si ce n'est le mensonge, au fond de l'esprit des apôtres ; c'est donc nous mettre en doute si nous avons le moyen de connaître certainement Jésus-Christ ; c'est, d'une autre manière, ruiner notre foi.

Je reconnais encore que, dans le cours ordinaire des choses, ce n'est pas la croyance aux miracles qui conduit à la foi en Jésus-Christ. Sans doute, au sein de nos Eglises, cette croyance existe comme une tradition au fond des âmes ; la sainte Ecriture en particulier est considérée comme l'autorité religieuse suprême ; et qui calculera les facilités que cet héritage sacré et providentiel procure à l'œuvre de l'évangélisation, et les immenses difficultés que leur prépare, au contraire, le travail de dissolution auquel tant de mains imprudentes s'emploient sous nos yeux? Mais, en général, Jésus-Christ, présenté aux âmes repentantes, se démontre lui-même auprès d'elles, car il est vivant et agissant aux siècles des siècles. Ces âmes le reçoivent; elles croient en lui; elles font l'expérience de sa grâce et de la puissance régénératrice de son esprit, et délivrées, elles se jettent à genoux devant lui en s'écriant avec gratitude et adoration : « Mon Seigneur et mon Dieu ! » Mais cette foi en Jésus-Christ comme en leur Rédempteur affirme en même temps la foi au caractère surnaturel, miraculeux de sa personne et de son œuvre. Détruire ce caractère surnaturel, comme je le disais tout à l'heure, c'est détruire cette foi (1).

Ainsi le miracle, comme le surnaturel, est nécessaire à la vie religieuse. Ce n'est pas un appui extérieur, lequel aurait besoin d'être appuyé à son tour, que nous nous efforçons de maintenir, c'est l'objet essentiel de notre foi qui pour nous est en question dans ces débats. Qu'on ne vienne donc pas nous dire qu'en soutenant le surnaturel ou le miracle nous ne faisons que défendre une superfétation inutile ou embarras-

---

(1) Je ne puis qu'effleurer ce riche sujet des miracles chrétiens dans leur rapport avec la vie religieuse. Ce n'est pas celui qu'on m'avait chargé de traiter. Il m'était néanmoins impossible de ne pas y toucher en passant.

sante, nous défendons le cœur même de la religion. Qu'on ne nous accuse plus de demander des attestations extérieures pour des vérités sublimes, dont le propre témoignage en notre âme devrait nous suffire, c'est la substance même de la vérité religieuse que nous voulons conserver et qu'on veut nous ravir. Non, nous ne combattons pas pour des inutilités ou des parties accessoires et de luxe : nous combattons pour notre strict nécessaire, *pro aris et focis*. Il est étrange, en vérité, que l'on nous engage à boire de cette eau vivifiante de la vie éternelle, sans nous préoccuper de la source d'où elle vient, quand ceux qui nous donnent ce conseil travaillent eux-mêmes avec tant d'ardeur à fermer cette source bénie, à la tarir. Nous ne pouvons, nous, que l'entourer et la défendre! Oh! nous ne tenons pas à surcharger le christianisme d'éléments étrangers ou inutiles. Qu'on nous ramène à ce qui en fait l'essence, qu'on nous redonne la simplicité toute-puissante du christianisme apostolique, nous serons les premiers heureux de tout ce qui débarrassera la vérité divine des additions humaines dont on pourrait l'avoir chargée. Simplifions, oui, mais ne détruisons pas.

Qu'on le sache. La foi au surnaturel est une question de piété avant d'être une question d'histoire ou de métaphysique (1). Cela ne veut pas dire que nous

(1) Il est à peine nécessaire de remarquer que, dans ma démonstration, j'ai eu en vue non des personnes mais des principes. Il peut y avoir, et je dirais volon-

la réservions pour la placer prudemment en dehors et au-dessus des atteintes de la science. Ce procédé timide peut convenir à qui n'est sûr qu'à moitié de ce qu'il croit, c'est-à-dire, au fond, à qui ne croit qu'à demi. Il ne sera jamais le nôtre. S'il y a un surnaturel réel, il faut que la raison et la critique lui rendent témoignage ; c'est un fait historique qui doit pouvoir être constaté par les procédés ordinaires de l'histoire. Nous ne demandons pas, pour cette constatation, qu'on imagine des principes particuliers de critique, nous ne voulons que ceux qui sont en usage dans toute recherche vraiment historique et impartiale. Que la critique malveillante ou prévenue s'avance ; qu'elle porte une main violente et téméraire sur les histoires sacrées et sur la personne même de notre Sauveur, nous ne demanderons point qu'on ferme la bouche à cette science égarée ; qu'elle parle, et nous lui répondrons ; seulement, qu'on ne nous demande pas d'être spectateurs tranquilles du débat, comme s'il s'agissait seulement d'une froide question d'école ou de savants. Nous ne pouvons pas

tiers, que je connais des hommes pleins de piété qui rejettent le surnaturel. Ce sont des anomalies et des exceptions qui ne sauraient détruire la règle. Et que de fois ne se rencontrerait-il pas, si l'on voulait remonter aux origines de cette piété, qu'elle a été mise dans les âmes par la croyance au surnaturel ! Que de fois d'ailleurs l'intelligence comprend mal le cœur, et rejette ce que celui-ci retient ! L'individu est souvent inconséquent ; mais l'humanité ne l'est point : l'histoire tire inévitablement et rigoureusement les conséquences extrêmes des principes acceptés par un peuple ou par une époque. Ce qui importe, c'est de voir et de juger les principes en eux-mêmes ou dans l'histoire, indépendamment de toute application individuelle.

ne pas être émus dans cette lutte tragique où sont engagés les intérêts les plus élevés de l'humanité ; la vie et la mort de nos âmes.

Mais on ne se méprendra pas sur notre émotion. Nous croyons, c'est dire que nous n'avons pas peur. Sans doute, telle génération ou telle Eglise peut être ruinée sans que l'œuvre divine s'arrête dans le monde, et il nous arrivera parfois de trembler, de désespérer peut-être de notre temps et de notre chère Eglise; mais jamais nous ne douterons de la victoire suprême. Nous croyons au surnaturel, qu'est-ce à dire? C'est que nous ne sommes pas seuls à combattre. Nous serons plus que vainqueurs par celui qui nous a aimés !

FIN.

SOUS PRESSE :

Le Manuel des chrétiens protestants. Simple exposition des croyances et des pratiques qui les caractérisent, par Emilien Frossard.

De la date de nos Evangiles, ou réponse populaire à cette question : Quand est-ce que nos Evangiles ont été composés ? par Constantin Tischendorf.

Cet ouvrage est une exposition populaire des grandes preuves historiques sur lesquelles repose l'authenticité de nos Evangiles. Il s'ouvre par une histoire rapide des travaux et des voyages de M. Tischendorf, histoire que ne contient pas la brochure purement scientifique publiée sur le même sujet ; et la forme populaire de l'ouvrage que nous annonçons doit lui assurer un grand nombre de lecteurs.

Un jeune Suisse en Australie. 2e édition.

Achille, ou quelques années de la vie d'un employé. 2e édit., in-18. . . . . » 25

VIENNENT DE PARAITRE :

L'ami chrétien des familles, in-12. . . . . 1 »

Une amie chrétienne, Exhortations aux jeunes personnes. in-18. . . . . » 80

Dictionnaire géographique élémentaire contenant des explications sur tous les lieux mentionnés dans le Nouveau Testament, par B.-H. Cowper, in-12. . . . . » 75

L'autorité des Ecritures inspirées de Dieu. Trois discours prononcés à Genève, par J.-N. Merle d'Aubigné, Dr en Th. 2e édition, in-12. » 75

Authenticité du Nouveau Testament, par M. Jalaguier, professeur à la Faculté de théologie de Montauban. 2e édition, in-12. . . . . 1 »

Le premier chapitre de la Genèse, par Gaussen. 2e édition, in-12. . . . . 1 »

Leçons données dans une école du dimanche sur quelques chapitres de la Genèse, par L. Gaussen. 2e édition, in-12. . . . . 1 50

Etude sur la législation des Hébreux, par Alphonse Lagarde, avocat, juge de paix, in-12. . . . . » 75

EN VENTE :

Le dernier jour de la Passion, par William Hanna, Dr en Th., in-12. . . . . 1 25

Pouvez-vous mourir tranquille? Sermon sur Hébreux (IX, 27), par Adolphe Monod, in-18. . . . . » 30

Traité de la vérité de la religion chrétienne, par Jacques Abbadie. 2 vol., in-12. Les deux : . . . . 3 »

Traité de la divinité de Notre Seigneur Jésus-Christ, par Jacques Abbadie. 1 vol., in-12. . . . . 1 50

Histoire d'un maître d'école, par Hoffmann. 2e édit., in-18. 1 »

Frank Dorival, ou le talisman. 2e édit., in-18. . . . . . . » 80

Rapport de M. le professeur Sardinoux aux conférences nationales du Midi, 19 et 20 octobre 1864, in-18. . . . . . . » 25

Droits et devoirs des laïques dans la situation présente des Eglises réformées de France. Trois conférences par G. de Félice, auteur de l'*Histoire des Protestants de France*, in-18.
» 50